मुक्तिबोध की काव्य-सृष्टि

मुक्तिबोध की काव्य-सृष्टि

डॉ. सुरेश ऋतुपर्ण

राधाकृष्ण प्रकाशन

ISBN : 978-81-7119-974-7

मुक्तिबोध की काव्य-सृष्टि

राधाकृष्ण से पहली बार : 2004
This book is printed on **Print on Demand** Technology : 2024

मूल्य : ₹ 595

प्रकाशक
राधाकृष्ण प्रकाशन प्राइवेट लिमिटेड
जी-17, जगतपुरी, दिल्ली-110 051

शाखाएँ : अशोक राजपथ, साइंस कॉलेज के सामने, पटना-800 006
पहली मंजिल, दरबारी बिल्डिंग, महात्मा गांधी मार्ग, प्रयागराज-211 001
1, अनमोल सोराबजी संतुक लेन, धोबी तलाव, मरीन लाइंस, मुम्बई-400 002

वेबसाइट : www.radhakrishnaprakashan.com
ई-मेल : info@radhakrishnaprakashan.com

MUKTIBODH KI KAVYA-SRISHTI

by Dr. Suresh Rituparna

स्नेहमयी
स्व. डॉ. सावित्री सिन्हा
की स्मृति को
समर्पित

प्रस्थान बिन्दु से

(प्रथम संस्करण की भूमिका)

मुक्तिबोध का काव्य नई कविता की अन्यतम उपलब्धि है। 'तारसप्तक' से आरम्भ होकर 'चाँद का मुँह टेढ़ा है' तक नई कविता ने एक लम्बी यात्रा तय की है तथा अब यह भी स्पष्ट होता जा रहा है कि नई कविता की इस विकास-यात्रा में मुक्तिबोध का महत्व अपरिहार्यता की सीमा तक विशिष्ट है। 'तारसप्तक' में मुक्तिबोध की कविताओं का प्रकाशन उनके कवि-व्यक्तित्व-निर्माण की सर्वाधिक महत्वपूर्ण घटना मानी जा सकती है क्योंकि इस संकलन में मुक्तिबोध के 'कवि' को जहाँ पहली बार साहित्यिक मान्यता मिली, वहीं उनकी घोर उपेक्षा का युग भी आरम्भ हुआ। 'तारसप्तक' का सामूहिक प्रयास उसके सम्पादक अज्ञेय के व्यक्तित्व के नीचे दब गया। इस दबाव से सबसे अधिक प्रभावित होनेवाले कवि थे–मुक्तिबोध।

मुक्तिबोध का पहला और अब तक का अन्तिम काव्य संग्रह 'चाँद का मुँह टेढ़ा है', उनकी मरणासन्न स्थिति में प्रकाशित हुआ और नई कविता में उनके महत्व की चर्चा और मूल्यांकन का आरम्भ भी उनकी इस 'मुक्ति' से ही होता है। लेकिन यह भी कवि मुक्तिबोध के भाग्य की विडम्बना है कि हिन्दी साहित्य जगत् में उनके काव्य का मूल्यांकन करने के नाम पर उनके उपेक्षित व्यक्तित्व को ढाल बनाकर विद्वान और प्रगतिशील आलोचकों ने अज्ञेय के काव्य-व्यक्तित्व पर प्रहार करने शुरू कर दिए। मुक्तिबोध के व्यक्तित्व व कृतित्व को इतना ऊँचा बनाकर प्रस्तुत करने के दाँव-पेंच चलाए गए कि किसी तरह अज्ञेय का काव्य-व्यक्तित्व बौना बन सके। इससे अज्ञेय का महत्व कितना कम हो सका है यह तो नहीं बताया जा सकता किन्तु इतना तय है कि इससे मुक्तिबोध के काव्य की समझ विस्तृत न होकर, धुँधली ही हुई

है। इसका स्पष्ट प्रमाण यह है कि उनके काव्य साहित्य और छिटपुट निबन्धों तथा उन्हीं निबन्धों की सम्पादित पुस्तकों के अतिरिक्त कोई समग्र शोध-परक कृति अभी तक प्रकाश में नहीं आई है। यही वह बिन्दु है जहाँ से मेरे मन में मुक्तिबोध के काव्य का समग्र अध्ययन करने की ललक जागी और जिसकी परिणति प्रस्तुत पुस्तक है। यह अध्ययन मुक्तिबोध के काव्य का मूल्यांकन नहीं है क्योंकि अभी तक मुक्तिबोध की अनेक कविताएँ अप्रकाशित हैं। जब तक उनका सम्पूर्ण काव्य प्रकाशित नहीं हो जाता है तब तक मूल्यांकन की बात असंगत ही है। अपूर्ण काव्य-सम्पदा को मूल्यांकित करने का प्रयास भी अपूर्ण ही होगा। अतः इस शोध-परक कृति में मेरी दृष्टि मुक्तिबोध की काव्य-सृष्टि के आत्म-तत्व को जानने तथा उसकी शिल्पगत बुनावट को समझने की ही रही है।

दिल्ली विश्वविद्यालय की एम. लिट. उपाधि के लिए प्रस्तुत की गई यह पुस्तक डॉ. विश्वनाथ त्रिपाठी के निर्देशन में लिखी गई है, जिनका स्नेह व सहयोग मुझे निरन्तर प्राप्त होता रहा है। मैं आभारी हूँ, डॉ. (श्रीमती) निर्मला जैन का जिनके सुझावों से मेरी यह शोध-यात्रा सुगम बन सकी। उन सभी विद्वानों के प्रति भी कृतज्ञता ज्ञापित करना अपना दायित्व समझता हूँ जिनके विचारों का मैंने इस अध्ययन में प्रत्यक्ष-अप्रत्यक्ष रूप से लाभ उठाया है।

पुस्तक की प्रकाशन-व्यवस्था के लिए बड़े भाई दिग्दर्शन चरण जैन के प्रति आभार व्यक्त करना तो मेरी धृष्टता ही होगी जिनकी डाँट खा-खाकर मैं यह पुस्तक मुद्रण-यन्त्र तक पहुँचा सका।

अगस्त, 1975

–सुरेश ऋतुपर्ण

इस संस्करण के बारे में

एक लम्बे अर्से से यह पुस्तक अप्राप्य थी। कई सुहृद मित्रों का आग्रह था कि इसे पुनः प्रकाशित कराया जाना चाहिए। इस विचार को क्रियान्वित करने का दायित्य भाई अशोक महेश्वरी ने उठाना स्वीकार कर लिया। फलतः यह पुस्तक आपके हाथों में है। प्रथम संस्करण से अब तक मुक्तिबोध-रचनावली में उनकी लगभग सभी अप्रकाशित रचनाएँ प्रकाश में आ चुकी हैं। अतः मन था कि उन सबको देख-समझ कर इस पुस्तक को अद्यतन कर लिया जाए। पर यह भी अहसास था कि तब इसका स्वरूप भी वह नहीं रह जाएगा। इस सारी ऊहापोह में काफी समय निकल गया और अन्ततः यही निर्णय लिया गया कि सब सामग्री के साथ एक दूसरी पुस्तक लिखने का प्रयास किया जाए तथा इस अप्राप्य पुस्तक को पुनः प्रकाशित कर लिया जाए।

आशा करता हूँ कि सुधी पाठकों को इसकी पुनः उपलब्धता संतोष देगी।

अगस्त, 2004

–डॉ. सुरेश ऋतुपर्ण

अनुक्रम

मुक्तिबोध : एक कृती-व्यक्तित्व

मुक्तिबोध आज नई कविता के चर्चित कृती-व्यक्तित्व हैं। एक लम्बे अर्से तक उपेक्षित रहकर मुक्तिबोध हिन्दी साहित्य के युग-पुरुष बन गए। आज मुक्तिबोध भारतीय युवा-काव्य-मानस पर छा गए हैं। पर इसके पीछे कोई साहित्यिक आन्दोलन या वादग्रस्त नारेबाजी नहीं है जैसा कि डॉ. शिवप्रसाद सिंह को लगता है। (''आज अचानक मुक्तिबोध और निराला के प्रति फूटनेवाला 'स्नेह-निर्झर' राजनीतिक दुरभि सन्धि के अतिरिक्त और कुछ नहीं है।''[1]) यह होना ही था। एक-न-एक दिन उपेक्षा के आवर्तों में छिप गए मुक्तिबोध के कृती-व्यक्तित्व को उभरना था और वे उभरे। उनके अप्रतिम काव्य-व्यक्तित्व की प्रखरता ने आज नई कविता को एक नया सन्दर्भ दे दिया है।

मुक्तिबोध के काव्य को उनके व्यक्तित्व से अलग नहीं किया जा सकता बल्कि कहना चाहिए कि उनके समूचे व्यक्तित्व के सन्दर्भ में ही उनके काव्य को देखा-परखा जा सकता है। उसकी शक्ति और सौन्दर्य को व्याख्यायित किया जा सकता है। वस्तुतः महान कलाकार का जीवन और उसकी कृति अलग-अलग नहीं होती है। जहाँ वह जीवन से कृति को निर्मित करता है वहीं वह कृति उसके जीवन को भी तराश देती है। मुक्तिबोध भी इसके अपवाद नहीं थे।

मुक्तिबोध की जीवन-गाथा किसी राजा-महाराजा की जीवन-गाथा नहीं है। न ही वह किसी महान चरित-नायक की जीवन-चर्या का यशोगान ही है। वह एक ऐसे साधारण भारतीय जन की करुण-गाथा है जो इसलिए जिया कि वह दूसरों के जीवन का निमित्त बन सके। दूसरों की वेदना को अपनी वेदना से समज्जित कर उसे व्यापक रूप दे सके। उनका जीवन ऐसे सर्जक का जीवन था जो तन-मन-धन से अपनी कला के प्रति समर्पित होता है। मुक्तिबोध कविता में जिए और अब उनसे कविता जीवन पाएगी।

इस कृती-व्यक्तित्व का जन्म 13 नवम्बर, सन् 1917 ई. को मध्यप्रदेश के श्योपुर कस्बे में हुआ था। इनकी माँ, पार्वतीबाई ईसागढ़ (बुन्देलखंड) के एक सम्पन्न किसान परिवार की कन्या थीं और पिता, माधव मुक्तिबोध, ग्वालियर राज्य के पुलिस विभाग में एक अधिकारी थे। इनके पिताजी अपने सिद्धान्तों की रक्षा के लिए सजग, न्यायप्रिय, निर्भीक व कर्त्तव्यपरायण व्यक्ति थे। श्री माधव मुक्तिबोध के व्यक्तित्व में निहित निर्भीक-निडरता व अपने सिद्धान्तों के प्रति एकनिष्ठ तत्परता का प्रभाव गजानन

1. डॉ. शिवप्रसाद सिंह, आधुनिक परिवेश और नवलेखन पृष्ठ 111।

मुक्तिबोध के ऊपर भी पड़ा और कदाचित् अपने दृढ़ और स्वाभिमानी व्यक्तित्व के कारण ही उन्हें हिन्दी साहित्य-जगत से घोर उपेक्षा मिली।

मुक्तिबोध की प्रारम्भिक शिक्षा अत्यन्त अस्त-व्यस्त ढंग से सम्पन्न हुई। इसका कारण था पिता का पुलिस-विभाग में होना। पिता की बार-बार बदली होने के कारण गजानन मुक्तिबोध का शिक्षा-क्रम टूटता-जुड़ता रहा और इसी टूटने-जुड़ने के फलस्वरूप मुक्तिबोध को उज्जैन में दी गई मिडिल-परीक्षा में असफलता का मुँह देखना पड़ा जिसे सन् 1943 में कवि ने 'तार-सप्तक' के वक्तव्य में अपने जीवन की 'पहली महत्वपूर्ण घटना' घोषित किया है।

एक सामान्य भारतीय पिता की तरह गजानन मुक्तिबोध के पिता भी अपने पुत्र को ऐसा व्यक्ति बनाना चाहते थे जो प्रचुर धन व सामाजिक प्रतिष्ठा अर्जित करे। वे गजानन को वकील बनाना चाहते थे किन्तु उनकी कामना पूरी न हो सकी। गजानन जीवन भर धन नहीं कमा सके। इस मामले में वे लगभग अनाड़ी थे। पैसा कमाने की कला उन्हें नहीं आती थी। हाँ, उनकी सामाजिक, साहित्यिक प्रतिष्ठा में अवश्य ही निरन्तर वृद्धि होती गई। पर वे "भौतिक-आर्थिक महत्वाकांक्षा और पद-प्रतिष्ठा की लालसा-से परे थे। 'कॅरियर' शब्द उनके कोष में नहीं था। उम्र-भर गरीबी से लड़ते रहे, मगर सत्ता और धन से उन्होंने समझौता नहीं किया।"[1]

मुक्तिबोध बचपन से ही ज्ञान-पिपासु थे। उनकी जिज्ञासा-वृत्ति बड़ी सजग थी। उनकी यही जिज्ञासा-वृत्ति उन्हें बौद्धिक हलचलों के प्रखर वातावरण में खींच ले गई। बीसवीं शताब्दी के तीसरे दशक के ये अन्तिम वर्ष राष्ट्रीय जन-जीवन के ऐसे वर्ष थे जो राजनीतिक हलचलों और एक प्रकार की बौद्धिक-सुगबुगाहट से दीप्त थे। नई राजनैतिक चेतना का पानी उनके बौद्धिक धरातल को प्रबुद्धता की ओर अग्रसर कर रहा था। ऐसी स्थिति में मुक्तिबोध अर्जित करना चाहते थे–"ज्ञान, धन नहीं। खोज रहा था–सम्मानों की रूढ़ियाँ नहीं, नई दृष्टि और अनुभव, नए युग के अनुभव और काव्य की विलक्षण अनुभूतियाँ।"[2]

गजानन मुक्तिबोध के प्रारम्भिक मित्रों में वीरेन्द्रकुमार जैन और प्रभागचन्द्र शर्मा प्रमुख हैं, जो उनके सहपाठियों में से थे तथा जिनके प्रति मुक्तिबोध के मन में अगाध स्नेह और प्रेम था। वीरेन्द्रकुमार जैन को लिखे गए अपने अनेक पत्रों में उनका यह निश्छल प्रेम सहज ही देखा जा सकता है।[3] धर्मयुग में दो किस्तों में प्रकाशित श्री वीरेन्द्रकुमार जैन के संस्मरणात्मक लेख "मुक्तिबोध मेरी यादों के क्षितिज पर" से भी यह तथ्य पुष्ट होता है।[4]

मुक्तिबोध का लेखन सन् 1935 में माधव कॉलेज, उज्जैन से प्रारम्भ हुआ और

---

1. धर्मयुग, 20 मई, 1973 (वीरेन्द्रकुमार जैन)।
2. शमशेर बहादुर सिंह, 'चाँद का मुँह टेढ़ा है' भूमिका, पृष्ठ 13।
3. 'राष्ट्रवाणी' में प्रकाशित मुक्तिबोध के पत्र, जनवरी-फरवरी, 1965।
4. धर्मयुग, 13 मई 73, 20 मई, 73।

उनकी मृत्युपर्यन्त चलता रहा। तथा स्वर्गीय रमाशंकर शुक्ल 'हृदय' ने सदैव उन्हें अत्यन्त प्रोत्साहित किया।[1] मुक्तिबोध की आरम्भिक रचनाएँ स्वर्गीय माखनलाल चतुर्वेदी द्वारा सम्पादित 'कर्मवीर' में प्रकाशित हुई थीं। यहीं से मुक्तिबोध के साहित्यिक जीवन की शुरुआत होती है।

वस्तुतः सन् 1938 से सन् 1942 तक का समय मुक्तिबोध की बौद्धिक-चेतना के सर्वांगीण विकास का समय है। स्वयं मुक्तिबोध के शब्दों में–"1938 से 1942 तक के पाँच साल मानसिक संघर्ष और बर्गसोनीय व्यक्तिवाद के वर्ष थे। आन्तरिक विनष्ट शान्ति के और शारीरिक ध्वंस के इस समय में मेरा व्यक्तिवाद कवच की भाँति काम करता था। बर्गसों की स्वतन्त्र 'जीवन शक्ति' (Elan Vital) के प्रति मेरी आस्था बढ़ गई थी।"[2]

सन् 1943 आधुनिक हिन्दी साहित्य के इतिहास का एक महत्वपूर्ण वर्ष है, जब 'तार सप्तक' के प्रकाशन से एक नई काव्य-चेतना का प्रस्फुटन हुआ तथा अन्य छह कवियों के साथ-साथ मुक्तिबोध की 16 कविताएँ एक साथ प्रकाश में आईं। साथ ही उनकी साहित्य सम्बन्धी मान्यताएँ भी 'वक्तव्य' के अन्तर्गत पढ़ने को मिलीं। 'वक्तव्य' में उन्होंने अपनी काव्य प्रेरणा की ओर संकेत करते हुए लिखा कि–"मेरे बाल-मन की पहली भूख सौन्दर्य, और दूसरी विश्वमानव का सुख-दुख, इन दोनों का संघर्ष मेरे साहित्यिक जीवन की पहली उलझन थी।"[3] विश्वमानव के सुख-दुख की ओर गई उनकी दृष्टि ही उन्हें क्रमशः मार्क्सवाद की ओर ले गई और उनका 'झुकाव मार्क्सवाद की ओर हुआ'[4] जिसे वे पहले 'विरोधी-शक्ति' मानते थे।

'तारसप्तक' में मुक्तिबोध के महत्व को शब्दांकित करते हुए शमशेर बहादुर सिंह लिखते हैं कि–"उस संग्रह में मुक्तिबोध का योग उस समय सबसे प्रौढ़ चाहे न हो, मगर शायद सबसे मौलिक था। दुरूह होते हुए भी बौद्धिक, बौद्धिक होते हुए भी रोमानी।"[5] मुक्तिबोध के मन में भी 'तारसप्तक' की कविताओं के प्रति अनन्य निष्ठा थी। "वे खुद सोचते थे कि उनकी आरम्भिक कविताओं के 'थीम्स' में ताज़गी और ओजपूर्णता अधिक है, उन कविताओं की तुलना में विशेषकर, जो बाद के वर्षों में लिखी गई हैं।"[6]

सन् 1942 में मुक्तिबोध शुजालपुर छोड़कर उज्जैन लौट आए थे और सन् 1945 तक वहाँ रहे। इन तीन वर्षों के अन्तराल में उन्होंने 'मध्यभारत प्रगतिशील लेखक संघ' की स्थापना करके मध्य भारतीय प्रतिभाओं को विकास के मार्ग पर अग्रसर होने के

1. तार-सप्तक, मुक्तिबोध का जीवन-तथ्य, पृष्ठ 39।
2. तार सप्तक, मुक्तिबोध का 'वक्तव्य', पृष्ठ 42।
3. तारसप्तक, मुक्तिबोध का वक्तव्य, पृष्ठ 41।
4. वही, पृष्ठ 42।
5. 'चाँद का मुँह टेढ़ा है', भूमिका, पृष्ठ 16।
6. डॉ. क. प. सारधि का लेख–'आदमी से कविता की ओर', 'गजानन माधव मुक्तिबोध', सं. लक्ष्मणदत्त गौतम से, पृष्ठ 62।

लिए प्रेरित किया। प्रगतिशील लेखक संघ की विशेष बैठकों में बोलने के लिए मुक्तिबोध बाहर के विद्वान-विचारकों को बुलाते थे। इस प्रकार मुक्तिबोध मध्य भारत की प्रतिभाओं के लिए प्रेरणा के सूत्र बन गए।

सन् 1945 में मुक्तिबोध 'हंस' के सम्पादकीय विभाग में शामिल होने के लिए बनारस आ गए किन्तु अधिक समय तक वहाँ बने न रह सके। वेतन कुल साठ रुपए था। आर्थिक विपन्नता की स्थिति में उन्होंने अपना काशी-प्रवास पूर्ण किया। वहीं से भारतभूषण अग्रवाल और नेमिचन्द्र जैन के आग्रह पर मुक्तिबोध कलकत्ता चले गए किन्तु वहाँ भी कोई बात नहीं बन सकी। और तब मुक्तिबोध सन् 46-47 के लगभग जबलपुर चले गए। यहाँ पर भी वे लम्बे अर्से तक नहीं रह सके। सन् 1948 के आसपास वे नागपुर चले गए। नागपुर-प्रवास के दौरान मुक्तिबोध ने अपनी कई महत्वपूर्ण रचनाएँ पूरी कीं। ये दिन आर्थिक-विपन्नता की दृष्टि से भी बड़े कष्टपूर्ण दिन थे। बढ़ती हुई महँगाई, छोटी-सी नौकरी और परिवार में बढ़ते सदस्यों के बीच मुक्तिबोध अनेक प्रकार के संकटों से जूझते रहे।

इन्हीं दिनों उन्होंने कामायनी पर अपनी वह युगान्तरकारी समीक्षा लिखी जो 'कामायनी : एक पुनर्विचार' नाम से प्रकाशित हुई। नागपुर से प्रकाशित होनेवाले स्वामी कृष्णानन्द सोख्ता के 'नया खून' का सम्पादन भी मुक्तिबोध ने किया और उसे एक साप्ताहिक पत्र मात्र ही न रखकर एक संस्था बना दिया। इसके साथ ही जबलपुर की 'वसुधा' में उनकी 'एक साहित्यिक की डायरी' धारावाहिक रूप से प्रकाशित हो रही थी। 'कामायनी : एक पुनर्विचार' और उनकी 'डायरी' ने मुक्तिबोध को हिन्दी समीक्षा के क्षेत्र में एक महत्वपूर्ण स्थान का भागीदार बना दिया था।

सन् 1949 में मुक्तिबोध इलाहाबाद की भी सैर कर आए। बात यहाँ भी न बन सकी। निरन्तर एक स्थान से दूसरे स्थान पर स्थानान्तरित होने की प्रक्रिया अभी रुक नहीं पाई थी। एक लघु उपन्यास भी उन्होंने इलाहाबाद-प्रवास के दौरान लिखा था किन्तु वह छपने से पूर्व ही प्रकाशन की प्रक्रिया में कहीं खो गया। मुक्तिबोध की एक कृति काल के प्रवाह में तिरोभूत हो गई।

अब तक मुक्तिबोध काफी भटक लिए थे। पर भटकाव की जिन्दगी से शायद ही कभी वे हतोत्साहित हुए हों। लेकिन एक स्थान पर जमकर काम करने की उनकी इच्छा अवश्य बलवती होती जा रही थी। मित्रों के निरन्तर हो रहे आग्रह को पूरा करने के लिए उन्होंने 1954 में नागपुर विश्वविद्यालय से एम.ए. की परीक्षा (द्वितीय श्रेणी में) पास की ताकि उनको कहीं अध्यापक-वृत्ति मिल सके। उनके मन में अध्यापन-कार्य के प्रति अत्यन्त मोह और ललक थी। नेमिचन्द्र जैन को सन् 1957 में लिखे एक पत्र में उन्होंने अपनी यह इच्छा साफ शब्दों में प्रकट की है–''वैसे लैक्चररशिप के लिए मेरा जी अभी भी ललकता है।''[1] डॉ. प्रभाकर माचवे को भी उन्होंने अपने एक पत्र में लिखा था–

1. आलोचना (त्रैमासिक), जुलाई-दिसम्बर 1968, पृष्ठ 47।

"किसी बड़े शहर में लैक्चररी करके कुछ अनुसन्धान वगैरह करने की इच्छा होती है।"[1] और सन् 1958 में, एम.ए. करने के लगभग चार साल बाद मुक्तिबोध की यह इच्छा पूरी हुई। वे राजनांदगाँव के दिग्विजय कॉलेज में प्राध्यापक हो गए जहाँ वे मृत्युपर्यन्त कार्य करते रहे।

राजनांदगाँव से उनका एक नया जीवन शुरू हुआ जो उनके पूर्ववर्ती जीवन के अभावों से किंचित मुक्त था। वहाँ वे अपेक्षाकृत अधिक सुखी तथा प्रसन्न थे। अपने अभिन्न मित्र वीरेन्द्रकुमार जैन को, 31 अगस्त 1958 को राजनांदगाँव से लिखे एक पत्र में मुक्तिबोध लिखते हैं–"अब मेरा हाल सुन लो। जिन्दगी में काफी ठुकाई-पिटाई के बाद अब राजनांदगाँव आ पहुँचा हूँ। यहाँ का कॉलेज नया-नया है। सभी लोग सहयोग की भावना से प्रेरित हैं। काफ़ी आराम से हूँ। पिछली कसमकश और मानसिक तनाव अब यहाँ नहीं है। इसलिए यहाँ का वातावरण सुखद है। सोचता हूँ, राजनांदगाँव मुझे लाभप्रद होगा।"[2]

और राजनांदगाँव मुक्तिबोध को लाभप्रद सिद्ध भी हुआ। यहीं रहकर मुक्तिबोध ने अपनी कई सफलतम कविताओं की रचना की। यथा–'ब्रह्मराक्षस', 'दिमागी गुहान्धकार का औरांग-उटांग', 'अँधेरे में' आदि। 'विपात्र' की रचना भी राजनांदगाँव के वातावरण में से ही हुई है। 'एक साहित्यिक की डायरी', 'काठ का सपना', तथा 'सतह से उठता आदमी' में संग्रहीत कुछ डायरियाँ तथा कहानियाँ भी राजनांदगाँव में ही सृजित हुई हैं।

मुक्तिबोध अब तक काफी जीवट के इंसान सिद्ध हो चुके थे। लगातार प्रतिकूल परिस्थितियों से लड़ते रहे। जिन्दगी की तल्ख़ी को 'एनजॉय' करते रहे। अपने मित्रों को पत्र लिखते हुए उन्होंने अनेक बार जीवन की तल्ख़ी का जिक्र किया किन्तु हतोत्साहित होकर नहीं, वरन् एक चुनौती के स्वर में। जीवन जीने की अदम्यता उनमें कूट-कूटकर भरी थी। वीरेन्द्रकुमार जैन को अपने एक पत्र में मुक्तिबोध ने लिखा–"हालत तो खराब ही है, पर जिन्दगी में बड़ी जानदारी है। इसी के सहारे, जहाँ बनता है दुलत्तियाँ झाड़ देता हूँ। भौतिक असफलताओं की चट्टानों पर टकराकर भी हिम्मत नहीं हारा हूँ।"[3]

सन् 1962 में उनकी पुस्तक 'भारत : इतिहास और संस्कृति' पर मध्यप्रदेश सरकार ने प्रतिबन्ध लगा दिया। इस घटना ने मुक्तिबोध को बड़ा झटका दिया। 'लेखक की बात सुने बिना एकतरफा सरकारी कार्यवाही का धक्का मुक्तिबोध बर्दाश्त नहीं कर सके। शायद उसी मौके पर उन पर 'मेनिनजाइटिस' की घातक बीमारी का प्रहार हुआ था।'[4] इस घटना ने उनमें भय और असुरक्षा की भावना भर दी। वे अत्यन्त आशंकाग्रस्त होते चले गए। उन्हें लगता था कि जैसे कोई षड्यन्त्र उन्हें घेर रहा है। 'अँधेरे में' कविता का रचनाकाल यही है।

---

1. राष्ट्रवाणी, मुक्तिबोध विशेषांक, जनवरी-फरवरी 1965, पृष्ठ 282।
2. वही, पृष्ठ 281।
3. राष्ट्रवाणी, मुक्तिबोध विशेषांक, जनवरी-फरवरी 1965, पृष्ठ 280।
4. शरद कोठारी का लेख-'अन्तिम पड़ाव', 'गजानन माधव मुक्तिबोध' सं. लक्ष्मणदत्त गौतम, पृष्ठ 54।

भौतिक असफलताओं की चट्टानों से टकराकर हिम्मत न हारनेवाले इस कड़ियल इंसान को 17 फरवरी, 1964 को पक्षाघात का भीषण आघात सहना पड़ा। यह चोट पिछले सभी आघातों से गहरी और जानलेवा सिद्ध हुई। पक्षाघात से पीड़ित मुक्तिबोध राजनांदगाँव से भोपाल के हमीदिया हस्पताल में भरती किए गए किन्तु जून, 64 में उनकी हालत और बिगड़ गई। वे लगातार बेहोश रहने लगे। बेहोशी की हालत में ही उन्हें दिल्ली लाया गया। दिल्ली के आल इंडिया मेडिकल इंस्टीट्यूट में उनकी चिकित्सा हुई पर बेहोशी का क्रम नहीं टूटा और 11 सितम्बर, 1964 की रात मुक्तिबोध की बेहोशी चिर-निद्रा में बदल गई।

विपरीत परिस्थितियों से लड़ने-जूझने और जीतनेवाला मुक्तिबोध मौत से नहीं जीत सका। लेकिन यह हार भी नहीं थी। ''बीमारी से लड़कर मुक्तिबोध निश्चित जीत गए थे। बीमारी ने उन्हें मार दिया, पर तोड़ न सकी। मुक्तिबोध का फौलादी व्यक्तित्व अन्त तक वैसा ही रहा। जैसे जिन्दगी में किसी लाभ के लिए समझौता नहीं किया, वैसे मृत्यु से भी कोई समझौता करने को वे तैयार नहीं थे।''[1] क्योंकि मुक्तिबोध को ''नामंजूर। उसको जिन्दगी की शर्म की-सी शर्त। नामंजूर''[2]–थी।

शायद महान कलाकारों की एक नियति यह भी होती है कि जीवन भर उन्हें उनके प्राप्य के लिए तड़पाया जाता है, मानसिक यन्त्रणा दी जाती है और कलाकार जब अपना पार्थिव शरीर त्याग, संसार से विदा हो जाता है तो लोग उसकी कला का मूल्यांकन करने के लिए अधीर हो जाते हैं। मुक्तिबोध भी इसके अपवाद नहीं हैं। उनके कृती-व्यक्तित्व की महानता का यह भी एक पहलू है।

मुक्तिबोध एक ऐसे कृती-व्यक्तित्व के लिए सदैव याद किए जाएँगे जिसकी कथनी और करनी में कोई अन्तर नहीं होता है। जो वह अपने जीवन में थे वही उनकी कविता कहती है। मुक्तिबोध का काव्य-व्यक्तित्व उनके निजी-व्यक्तित्व से अलग नहीं था। डॉ. क. प. सारधि लिखते हैं–''मुक्तिबोध के कवि और मुक्तिबोध के आदमी के बीच में कोई नाटकीय दूरी नहीं पाता। मेरे लिए तो मुक्तिबोध की कविता साफ-साफ मुक्तिबोध की जिन्दगी को प्रतिबिम्बित करनेवाली है और इसे एक आत्म-कथात्मक वृत्त के रूप में जिसका कवि-नायक स्वयं मुक्तिबोध है, देखना ज्यादा संगत लगता है।... उन्होंने अपनी जिन्दगी की बुनावट और कविता की बुनावट में कभी गड्ड-मड्ड नहीं होने दी।[3]

व्यक्तिगत जीवन में मुक्तिबोध अत्यन्त भावुक किस्म के इंसान थे। परन्तु उनकी भावुकता, कातरता नहीं थी। अपने मित्रों, परिजनों के प्रति उनके हृदय में अत्यन्त सम्मान की भावना सदैव रहती थी। उन्हें अपने मेहमानों का बेहद ख़याल रहता कि वे

1. हरिशंकर परसाई आलोचना (त्रैमासिक), जुलाई-सितम्बर, 1968, पृष्ठ 55।
2. 'चाँद का मुँह टेढ़ा है' गजानन माधव मुक्तिबोध, पृष्ठ 4।
3. डा. क.प. सारधि का लेख 'गजानन माधव मुक्तिबोध', सं. लक्ष्मणदत्त गौतम–पृ. 57।

कहीं भूखे न लौट जाएँ। उनके आतिथ्य का उन्हें पूरा ख़याल रहता।[1] किसी भी मित्र द्वारा किया गया उपकार उन्हें कभी भूलता नहीं था। वे अत्यन्त कृतज्ञ हो रहते थे।[2]

अपने निकटवर्ती मित्रों को वे आत्मीयता से भीगे पत्र लिखने के क़ायल थे। अपने सहपाठी वीरेन्द्रकुमार जैन को उन्होंने, उनकी बीमारी का समाचार पाकर एक मार्मिक पत्र लिखा जिसमें मुक्तिबोध का स्नेह और ममत्वपूर्ण व्यक्तित्व बिना किसी लाग-लपेट के व्यक्त हुआ है। वे लिखते हैं–"मुझे दुख है कि मैं तुमसे बिछुड़ गया हूँ। यह इस हद तक जा पहुँचा है कि तुम कहाँ हो, क्या हो, किस तरह हो इसकी जानकारी भी किसी अमूल्य धन की तरह अलभ्य हो गई है।...मैं चाहता हूँ कि तुम चंगे हो जाओ। एक हरे वृक्ष की भाँति। फिर-से वही मीठी उदासी से भरी शामें तुम पर उतर आएँ और तुम स्वस्थ वृक्ष की टहनियों से मर्मर गान में फूट पड़ो। यह मेरी हार्दिक कामना तुम्हें अच्छा कर दे।"[3]

मुक्तिबोध जहाँ अपने मित्रों के लिए विह्वल हो उठते थे वहीं जन-सामान्य की वेदना भी उन्हें निरन्तर आन्दोलित करती रहती थी। उनकी मानवीय संवेदना का प्रसार सर्वगामी था। वे जीवन-पर्यन्त एक ही समस्या को लेकर चिन्तित रहे कि–

मेरे सभ्य नगरों और ग्रामों में
सभी मानव
सुखी, सुन्दर व शोषण-मुक्त कब होंगे।[4]

दूसरों को शोषण की चक्की से बाहर निकालने के प्रयास में मुक्तिबोध स्वयं भी पिसते गए। सफल जिन्दगी जीने की कला उन्हें नहीं आनी थी, नहीं आई। वे जीवन में कभी भी व्यावहारिक नहीं बन सके। क्योंकि–

जीवन की तथाकथित
सफलता को पाने की
हमको फुरसत नहीं
खाली नहीं हम
बहुत बिजी हैं हम।[5]

वस्तुतः मुक्तिबोध जीवन में सफलता नहीं सार्थकता चाहते थे। उनकी वाणी इसी सार्थकता की खोज में वही है। डॉ. नामवर सिंह का यह कथन बहुत ठीक है कि "मुक्तिबोध उन कवियों में से हैं जो अपने युग के सफल कवि नहीं बल्कि सार्थक कवि कहलाने योग्य हैं। और कभी-कभी सार्थकता सफलता से श्रेयस्कर होती है।"[6] प्रश्न

---

1. द्रष्टव्य–हरिशंकर परसाई का लेख, आलोचना (त्रैमासिक) जुलाई-सितम्बर 1968, पृ. 53।
2. द्रष्टव्य–डॉ. बिन्दु अग्रवाल का लेख, 'मुक्तिबोध : संघर्ष के प्रतीक', ज्ञानोदय, सितम्बर 1964, पृ. 29।
3. मुक्तिबोध के पत्र, राष्ट्रवाणी मुक्तिबोध विशेषांक, जनवरी-फरवरी, 1965, पृ. 280।
4. 'चाँद का मुँह टेढ़ा है'–गजानन माधव मुक्तिबोध पृ. 162।
5. जीवनलाल वर्मा 'विद्रोही' द्वारा उद्धृत, गजानन माधव मुक्तिबोध, सं. लक्ष्मणदत्त गौतम पृ. 36।
6. द्रष्टव्य–राष्ट्रवाणी, मुक्तिबोध की सार्थकता, जनवरी-फरवरी, 1965, पृ. 346।

उठता है कि मुक्तिबोध किस सन्दर्भ में सार्थक हैं ? श्रीकान्त वर्मा के मत से–"अपने युग को अर्थ देने से अधिक सार्थक कार्य कोई कवि क्या कर सकता है।"[1] और इस कसौटी पर मुक्तिबोध खरे हैं। वस्तुतः मुक्तिबोध की सार्थकता इस बात में है कि उनके काव्य में उनका युग अपने समस्त आयामों के साथ मुखरित हुआ है। 'चाँद का मुँह टेढ़ा है'–शोषण और यातना से अभिशप्त हमारे स्वातन्त्र्योत्तर-युग का सुलगता काव्य-संग्रह है।

मुक्तिबोध की दृष्टि कभी भी 'कॅरियरिस्टिक' नहीं रही। अपने लेखन से आजीविका कमाना शायद उन्हें नहीं रुचता था। वे व्यावसायिक पत्रिकाओं में लिखकर अपनी आमदनी बढ़ा सकते थे किन्त वे अपनी पत्रिकाओं के लिए ही लिखना पसन्द करते थे। 'धर्मयुग' में वे रचनाएँ इसलिए भेजना नहीं चाहते थे कि उनके मित्र वीरेन्द्रकुमार जैन वहाँ सम्पादक थे और वे मित्र का फायदा उठाना नहीं चाहते थे।[2] पुस्तक अच्छी छपवाने के लिए वे अपने प्रकाशक को अपनी ओर से पैसा और यह लिखकर देने को तैयार थे कि वे पुस्तक की रायल्टी के रूप में कुछ भी नहीं लेंगे।[3] उन्होंने अपने साहित्य को व्यावसायिकता के स्तर पर नहीं अपनाया। उनकी निष्ठा लेखन के प्रति थी, छपने-छपाने के लिए जोड़-तोड़ करना उन्हें सिद्धान्त विरुद्ध लगता था। अपने को गिराकर समझौता करना उन्हें नहीं आता था।

मुक्तिबोध का व्यक्तित्व विद्रोह के साँचे में ढला था। जीवन के आरम्भ से ही उनकी विद्रोही व क्रान्तिकारी वृत्तियों का परिचय परिवार के लोगों तथा मित्रों को मिलता रहा था। पिता ने वकील बनाना चाहा किन्तु मुक्तिबोध बने कलम के सिपाही। प्रेम-विवाह करने का विरोध हुआ किन्तु उन्होंने समाज व परिवार के बन्धनों व रूढ़ियों को साहस भरी चुनौती देकर प्रेम-विवाह किया और उसे निबाहा।

उनके छोटे भाई और मराठी के प्रसिद्ध साहित्यकार श्रीशरच्चन्द्र मुक्तिबोध लिखते हैं–"भाई साहब कलाकार थे, बड़े गहरे और असली अर्थ में, he was a true rebel।"[4] यह व्यक्तित्व किसी प्रकार का अन्याय या शोषण नहीं सह सकता था। यह व्यक्तित्व स्वयं एक ऐसा नैतिक मूल्य था जिसके सम्पर्क में आकर जीवन की वास्तविकता अपने असली रूप में प्रकट हो जाती थी। अपनी अक्षमताओं के सम्बन्ध में जागरूक होने से यह विद्रोही व्यक्तित्व मानवी जीवन की अक्षमताओं की ओर, दुर्बलताओं की ओर, क्षमाशील दृष्टि से ही देखता था। उन्होंने निषेध किया हो, लेकिन मानवी दुर्बलताओं का, मानवता का नहीं।...एक ओर मानवी जीवन के परिवर्तन के प्रति असीम आस्था, उत्पीड़ित मानव के भविष्य के प्रति निष्ठा, उपेक्षितों के प्रति गहरा लगाव और दूसरी ओर यह जीवन की अनेक सतहों पर प्रतीत होनेवाली भयानक विसंगति और फलस्वरूप

1. श्रीकान्त वर्मा का लेख–मुक्तिबोध की सार्थकता, आलोचना (त्रैमासिक) जुलाई-सितम्बर 1968, पृ. 56।
2. द्रष्टव्य-मुक्तिबोध के पत्र, राष्ट्रवाणी, मुक्तिबोध विशेषांक, जनवरी-फरवरी 1965, पृ. 281।
3. द्रष्टव्य–हरिशंकर परसाई का लेख–आलोचना, त्रैमासिक, जुलाई-सितम्बर 1968, पृ. 52।
4. द्रष्टव्य-राष्ट्रवाणी, मुक्तिबोध विशेषांक, जनवरी-फरवरी, 1965, पृ. 270।

घोर अकेलापन–ये उनके एकरस व्यक्तित्व के दो पहलू थे।''[1]

वस्तुतः मुक्तिबोध का व्यक्तित्व सरल नहीं था, अत्यन्त पेचीदा था। वे 'गम्भीर बौद्धिकता की बहुत ऊँची मीनार थे।''[2] हर प्रकार की विपरीत परिस्थितियों में भी उनके चिन्तन का अबाध क्रम चलता रहता था। किसी भी प्रश्न का समाधान पाए बगैर उसे छोड़ देने के वे कायल नहीं थे। 'कामायनी : एक पुनर्विचार', 'एक साहित्यिक की डायरी', 'नई कविता का आत्म संघर्ष तथा अन्य निबन्ध' तथा 'नए साहित्य का सौन्दर्यशास्त्र' पुस्तकें उनके मौलिक चिन्तन व बौद्धिक-विश्लेषक रूप को हमारे सामने प्रस्तुत करती हैं।

मुक्तिबोध बड़े घुमक्कड़ किस्म के इंसान थे। अकेले ही दूर-दूर तक वीरान रास्तों पर भटकना, रास्तों में देर तक बीड़ी पीते हुए सड़कों पर घूमना उन्हें बहुत रुचता था। 'एक साहित्यिक की डायरी' में वे केशव नामक पात्र के साथ घूमते प्रतीत होते हैं तो 'विपात्र' में जगत् के साथ। भाऊ समर्थ ने मुक्तिबोध पर अपने संस्मरण 'दो कदम की यात्रा' में लिखा है–''मूँगफलियाँ खरीदकर रास्ते में टहलना हमारी आम आदत थी।''[3] राजनांदगाँव के उनके करीबी मित्र शरद कोठारी लिखते हैं–''रानी सागर के ताल के समीप पगडंडी से घूमकर करीब एक मील दूर एक पहाड़ी टीले पर बैठ जाना हमारा दैनिक क्रम था।''[4] उनकी कविता में पुराने कुएँ, बावड़ी, बावड़ी में डूबी सीढ़ियाँ, खंडहर, वीरान पठार, घने बरगद, फूटा हुआ भैरों का मन्दिर आदि का जिक्र अनेक बार आया है। ये सभी उनके घुमक्कड़ जीवन से जुड़े हुए बिम्ब हैं जिनके सम्बन्ध में प्रभाकर माचवे ने लिखा है–''एक सूखी वापी जिसके भीतर उतरने की सीढ़ियाँ टूटी हैं, कमानियों पर घास-फूस उगा है, नीचे उतरने पर हरी काई और बहुत कम जल हैं–मंगलनाथ के रास्ते पर, भैरोंगढ़ के आस-पास वेधशाला के पीछे (उज्जैन में) कई थीं और हैं। हम, यानी डॉ. जोशी, मैं और मुक्तिबोध ऐसे एकान्त स्थानों पर बहुत घूमे हैं। भर्तृहरि की गुफा के रास्ते श्मशान घाट के पास दिन पर दिन और रातें दर्शन और राजनीति और साहित्य की चर्चाएँ करते हुए बिताई हैं।''[5] कुछ इसी तरह का विवरण वीरेन्द्रकुमार जैन ने भी दिया है–''दिन के कई-कई घंटे हम इन्दौर के जाने-अनजाने अनेक रास्तों पर बातें करते हुए, बदहवास भटकते थे। किशनपुरे की चन्द्रभागा नदी, जूनी इन्दौर के टूटे-फूटे पुलों, पुरातन देवालयों, दरगाहों, मस्जिदों, खंडहरों, वीरान रास्तों, पुरातन वृद्ध इमलियों के तलदेशों में विचरते हुए हम हर चीज में सौन्दर्य के जाने कितने आयामों का अन्वेषण और अनावरण करते।''[6]

1. शरच्चन्द्र मुक्तिबोध का लेख–मेरे बड़े भाई, 'गजानन माधव-मुक्तिबोध', सं. लक्ष्मणदत्त गौतम पृ. 14-15।
2. शरद कोठारी का लेख–अन्तिम पड़ाव, उपर्युक्त पुस्तक में संगृहीत, पृ. 50।
3. 'दो कदम की यात्रा', भाऊ समर्थ, 'गजानन माधव मुक्तिबोध', वही, पृ. 43।
4. 'अन्तिम पड़ाव'–शरद कोठारी–उपर्युक्त पुस्तक, पृ. 49।
5. राष्ट्रवाणी, मुक्तिबोध विशेषांक, जनवरी-फरवरी 1965, पृ. 328।
6. द्रष्टव्य–धर्मयुग, 13 मई, 1973, पृ. 21।

उनकी कविताओं में जो एक प्रकार का भयानक, रहस्यात्मक, संशय से ग्रस्त वातावरण मिलता है, उसका सम्बन्ध भी मुक्तिबोध के जीवन की प्रत्यक्ष घटनाओं और परिवेश से जुड़ा है। उनकी प्रसिद्ध कविता 'अँधेरे में' जिस मार्शल लॉ, गोली चलने और रक्त बहने का जिक्र है वह उनके नागपुर प्रवास की आँखों देखी घटना से सन्दर्भित है। राजनांदगाँव में वह जिस मकान में रहते थे वह एक स्याह दीवारोंवाली गुफानुमा हवेली थी जिसका भुतहा वातावरण उसकी कई कविताओं पर छाया हुआ है। ''राजनांदगाँव में उनके भुतहे मकान के साँप-बिच्छू घुग्घु-चमगादड़ों ने उनकी कविता में 'हॉरर' (भयानक) और 'एब्सर्ड' (विसंगति) की वीभत्स अर्थशून्यता को उभारा था...।''[1]

इस भयानक रहस्यामयता की सृष्टि का एक कारण मुक्तिबोध का वैज्ञानिक और जासूसी उपन्यास पढ़ना भी है। मुक्तिबोध के पुत्र रमेश मुक्तिबोध के कथनानुसार मुक्तिबोध अपने अन्तिम दिनों में जासूसी उपन्यास और 'साइंस फिक्शन' बहुत पढ़ते थे।[2] उनके मित्र शरद कोठारी का भी कहना है कि ''मुक्तिबोध जब थक जाते, अंग्रेज़ी के जासूसी उपन्यास पढ़ा करते थे।''[3] इन जासूसी उपन्यासों को पढ़ने के कारण, उनके काव्य पर जो प्रभाव पड़ा, उनको रेखांकित करते हुए डॉ. रामविलास शर्मा लिखते हैं–''इन उपन्यासों से ली हुई शब्दावली और अनेक बिम्ब उनकी रचनाओं में विद्यमान हैं। 'जादुई' उनका प्रिय शब्द है। तिलस्मी द्वार अचानक खुल जाते हैं।''[4] 'सहसा', 'अचानक', 'अकस्मात', 'एकाएक' आदि शब्द उनकी कविताओं में बार-बार आते हैं। यथा–

चीख, एक दूसरे पर पटकती है सिर की अकस्मात–
वृक्षों के अँधेरे में छिपी हुई किसी एक
तिलस्मी खोह का शिलाद्वार
खुलता है धड़ से।

–(अँधेरे में, पृ. 262)

पुराने रोशनी-घर के अँधेरे शून्य-टावर से
अचानक एक खिड़की खोल
नीली तेज किरनें कुछ निकलती हैं।

–(चकमक की चिनगारियाँ, पृष्ठ 159)

शायद ऐसी ही पंक्तियों के सन्दर्भ में शमशेर बहादुरसिंह का कहना है कि उनकी कविताओं के अंश जासूसी उपन्यासों की याद दिलाते हैं।[5] मुक्तिबोध को 'लोक जीवन

---

1. राष्ट्रवाणी, गजानन माधव मुक्तिबोध विशेषांक, जनवरी-फरवरी 1965, पृ. 328।
2. वही, पृ. 327
3. अन्तिम पड़ाव, शरद कोठारी, 'गजानन माधव मुक्तिबोध', सं. लक्ष्मणदत्त गौतम पृ. 53।
4. मुक्तिबोध का आत्म-संघर्ष और उनकी कविता (लेख) डॉ. रामविलास शर्मा, धर्मयुग, 21 दिसम्बर, 1969, पृष्ठ 20।
5. एक विलक्षण प्रतिभा (भूमिका) 'चाँद का मुँह टेढ़ा है', पृ. 24।

का जासूस' कहनेवाले आलोचक रमेशकुन्तल मेघ मुक्तिबोध की कविताओं पर छाए इस रहस्य और भय के वातावरण की संगति पर विचार करते हुए लिखते हैं–'उन्होंने यथार्थ को विश्लेषित करने और शोषण-आतंक को साक्षात करने के लिए रहस्य और भय की पद्धति अपनाई है और उसमें अपनी सामाजिक-राजनैतिक समझ आद्यन्त बरकरार रखी है।[1]

मुक्तिबोध भयंकर तनावों में जीते थे। उनके मस्तिष्क की नसें अक्सर उत्तेजित रहती थीं। आर्थिक कष्ट उन्हें सदैव रहा। उनके जीवन के अन्तिम दिन तो असीम मानसिक यन्त्रणा और सन्त्रास के दिन रहे। जब उनकी पुस्तक 'भारत : इतिहास और संस्कृति' पर मध्यप्रदेश सरकार ने प्रतिबन्ध लगा दिया था तो इससे मुक्तिबोध को मर्मान्तक पीड़ा पहुँची थी। इस पुस्तक पर प्रतिबन्ध से जहाँ मुक्तिबोध को व्यक्तिगत क्षति पहुँची वहीं वे इस बात से भी बेचैन थे कि कलाकार की अभिव्यक्ति की स्वतन्त्रता उससे छीनी जा रही है। इस घटना ने उन्हें लगभग तोड़ ही डाला था।

मुक्तिबोध के अन्तिम दो-तीन वर्ष भय और असुरक्षा की सुरंगी यात्रा के वर्ष थे। अपनी पुस्तक पर प्रतिबन्ध लग जाने के बाद तो सदैव उन्हें लगता रहा था कि उनके चारों ओर कोई भयंकर षड्यन्त्र रचा जा रहा है तथा वे उसमें फँसते जा रहे हैं। उनकी कविता 'अँधेरे में' का वातावरण इसी भय, असुरक्षा व षड्यन्त्र के तन्तुओं से निर्मित है।

अपने-आपको सदैव षड्यन्त्र में फँसा पाना, वस्तुतः मुक्तिबोध के व्यक्तित्व की एक दुर्बलता थी जिसको लक्षित करते हुए डॉ. क. प. सारधि लिखते हैं–''मुक्तिबोध में कहीं एक मौलिक कमजोरी थी जिसकी वजह से वे निर्भय होकर इस बात पर विश्वास करते थे कि हमेशा कोई-न-कोई चीज़ उनके पीछे है। अपने बौद्धिक ओज और सार्थक हठ के बावजूद मुक्तिबोध में स्थितियों का सामना करनेवाले साहस की कमी थी। अपने दुर्भाग्य से लड़ने की बजाय वे अक्सर पीड़न सहने की विवशता के अधीन हो जाते थे।''[2] इसी प्रकार वीरेन्द्र कुमार जैन को भी लगता है कि ''अपनी ट्रेजेडी के लिए वे खुद ही जिम्मेदार थे।'' (धर्मयुग, 20 मई, 1973)

पीड़न सहने की यह विवशता उन्हें निरन्तर अकेलेपन की ओर निर्वासित करती गई। इसके अनेक कारण भी थे। मुक्तिबोध के पिता अपनी अधिक माँगों की वजह से मुक्तिबोध के लिए मानसिक और आर्थिक तनाव का कारण बनते थे तो उनकी पत्नी भी उन्हें वैचारिक स्तर पर समझने से इनकार करती थी क्योंकि उनकी पत्नी की कामना आर्थिक सम्पन्नता और सुविधाओं की ओर ज्यादा थी जिसे मुक्तिबोध पूरा करने में

---

1. 'लोक-जीवन का जासूस : मुक्तिबोध', रमेश कुन्तल 'मेघ'–'गजानन माधव मुक्तिबोध' सं. डॉ. लक्ष्मणदत्त गौतम में, पृ. 251-52।
2. क.प. सारधि का लेख 'आदमी से कविता की ओर', वही, पृ. 59।

असमर्थ थे।[1] और बड़े परिवार का बोझ उन पर था ही।

गजानन माधव मुक्तिबोध अपने छोटे भाई शरच्चन्द्र मुक्तिबोध को अपनी तुलना में अधिक भाग्यशाली मानते थे तथा उस वक्त भावुक और परेशान हो जाते थे जब उनके भाई की चर्चा होती थी।[2]

साहित्यिक स्तर पर मुक्तिबोध को 'तारसप्तक' में सर्वप्रथम महत्व मिला था तथा उनमें एक नया उत्साह जन्मा था। वे अपने को ओजवान कलाकार के रूप में ढालने लगे तो अज्ञेय की ओर से उन्हें उपेक्षा मिलने लगी। दूसरी ओर तथाकथित प्रगतिवादी वर्ग के लेखकों द्वारा उपेक्षित किए जाने पर मुक्तिबोध ने स्वयं को 'साहित्यिक शून्यता के खालीपन में तैरता पाया'[3] जिसे 'भारत : इतिहास और संस्कृति' पर लगे प्रतिबन्ध ने और गहरा दिया। इस प्रकार मुक्तिबोध को अपने समकालीनों के हाथों या तो सक्रिय आघातों का शिकार बनना पड़ा या निर्मम उपेक्षा का।[4]

और अब अलग-अलग विद्वान-आलोचकों द्वारा मुक्तिबोध को रहस्यवादी, अस्तित्ववादी, शुद्ध प्रगतिवादी आदि सिद्ध करने का प्रयास किया जा रहा है। वस्तुतः मुक्तिबोध का व्यक्तित्व किसी भी वाद का वादी-व्यक्तित्व नहीं है, वरन् यह उनकी गत्वर चिन्तन-प्रणाली की विशेषता है कि वे प्रत्येक दर्शन से प्रभावित तो हुए किन्तु किसी एक में अपनी चेतना को बद्धमूल नहीं होने दिया। यह उनके कृती-व्यक्तित्व की सफलता है क्योंकि कोई भी दर्शन अपने-आप में पूर्ण व अन्तिम नहीं होता। मार्क्सीय जीवन-दर्शन ने उन्हें प्रभावित अवश्य ही किया किन्तु उन्होंने साहित्यिक व्यक्तित्व को नारेबाजी के स्तर पर कभी नहीं उतारा। यदि ऐसा होता तो मुक्तिबोध भी अन्य प्रगतिवादियों की तरह प्रचारात्मक साहित्य लिखने की ओर प्रवृत्त हुए होते। डॉ. भगीरथ मिश्र ने ठीक ही लिखा है–"मुक्तिबोध एक प्रगतिवादी लेखक के रूप में हमारे सामने आते हैं। परन्तु उनके अनेक लेखों और रचनाओं को पढ़कर लगता है कि उनको किसी घेरे में बाँधना अन्याय है। वे एक विचारक और सत्यानुभूति के व्यक्ति थे जिनके अन्तर्गत सहस्र संवेदनाओं की तरंगें उठती रहती थीं। वे रूढ़ि के विरोधी थे, क्योंकि बुद्धिवादी थे, पर उत्तम परम्परा के पोषक भी थे, क्योंकि कवि थे।"[5]

सारतः, मुक्तिबोध नई कविता के ऐसे कृती-व्यक्तित्व के रूप में सदैव याद किए जाएँगे जो मात्र शब्दों का जादूगर नहीं, जीवन का स्रष्टा भी था। जो लगातार संघर्षों, अशान्ति, भय, असुरक्षा व तनाव के वातावरण में जिया तथा अपनी कालजयी अदम्यता के सहारे भूमि की सतहों के बहुत-बहुत नीचे अँधियारी एकान्त प्राकृत गुहा में पड़े

---

1. डॉ. क.प. सारधि का लेख 'आदमी से कविता की ओर', वही, पृ. 58।
2. वही, पृ. 58।
3. वही, पृ. 59।
4. वही, पृ. 60।
5. डॉ. भगीरथ मिश्र का लेख 'मुक्तिबोध : संवेदनशील प्रतिभा एवं विवेकी साहित्यकार, 'राष्ट्रवाणी', जनवरी-फरवरी 1965, पृ. 332।

अपने अनुभव, वेदना, विवेक निष्कर्षों की द्युतिमान मणियों को निकाल लाया।[1] उनके साँवले क्षीण शरीर के भीतर एक प्रज्ज्वलित ज्वालामुखी पैठा हुआ था, एक ऐसा महासमुद्र था, जिसमें अत्यन्त अनुभूतियों की लहरें निरन्तर उमड़ती रहती थीं। आज मुक्तिबोध का पार्थिव शरीर हमारे सामने नहीं है किन्तु उनके साहित्य में उनका कृती-व्यक्तित्व अवश्य सुरक्षित है। उनकी एक-एक कृती में अनुभव और ज्ञान के अनेक विद्युत्कण बिखरे पड़े हैं, जिनका संयोजन तथा मूल्यांकन करना अत्यन्त आवश्यक है।

1. द्रष्टव्य, 'चाँद का मुँह टेढ़ा है', गजानन माधव मुक्तिबोध, पृ. 281-82।

नई कविता की पृष्ठभूमि और मुक्तिबोध की भूमिका

मुक्तिबोध की काव्य संवेदना का विकास वस्तुतः नई कविता की विकास-यात्रा के साथ जुड़ा हुआ है अतः मुक्तिबोध की काव्य-संवेदना का अध्ययन करने से पूर्व नई कविता के विकास में मुक्तिबोध की भूमिका का अध्ययन असंगत न होगा।

जयशंकर प्रसाद की काव्य-कृति 'कामायनी' का प्रकाशन, आधुनिक हिन्दी साहित्य के इतिहास में, एक महत्वपूर्ण घटना के रूप में स्वीकार किया जाता है। 'कामायनी' तक आकर छायावाद अपनी काव्य-उपलब्धि की चरम सीमा तक पहुँच चुका था। उसमें अगले विकास की सम्भावनाएँ नहीं रह गई थीं। सम्भावनाएँ चुक इसलिए गई थीं क्योंकि यहाँ तक आकर छायावादी भावधारा के भावों, विचारों व अभिव्यंजना कौशल में रूढ़ एकरसता का समावेश हो गया था। जो छायावादी कवि आरम्भ में अपनी अप्रतिम कल्पना शक्ति और अभिव्यंजना कौशल के सहारे अपने 'स्व' की सीमाओं को विकसित कर रहे थे वही कवि आगे चलकर 'स्वयं' की संकुचित सीमाओं में उसी प्रकार जड़ीभूत होते गए जैसे रीतिकालीन रीतिबद्ध कवि। जीवन के बृहत्तर सन्दर्भों से कटकर ये कवि अस्पष्टता, दुरूहता व रहस्यमयता के आवरणों में खो गए।

इसके साथ ही नितान्त व्यक्तिपरक कविता का एक संक्षिप्त दौर शुरू होता है जिसमें बच्चन, अंचल, नरेन्द्र शर्मा प्रभृति कवि छायावादी रोमांटिकता के उस रूप का विस्तार करते हुए प्रतीत होते हैं जिसमें छायावादी दुरूहता और अस्पष्टता के स्थान पर यौवन की मस्ती और उद्दाम वासना की स्पष्ट एवं मूर्त स्वीकृति के दर्शन होते हैं। रूप सौन्दर्य, प्रेम और विरह-वेदना से युक्त वैयक्तिक सुख-दुख की अभिव्यक्ति ही इन कवियों का मूल ध्येय रहा।

वस्तुतः छायावादी काव्य के पतनोन्मुख हो जाने का कारण छायावाद की वायवीयता, अस्पष्टता, रहस्यवादिता या दुरूहता की प्रवृत्ति ही नहीं है वरन् इसका कारण जीवन के कटु यथार्थ से संघर्ष न कर पाने की असमर्थता भी है। जीवन के प्रत्यक्ष यथार्थ को मान्यता न देने के कारण छायावाद का विरोध हुआ क्योंकि सन् 1938 के आसपास देश में जिस परिवेश का निर्माण हो रहा था उसकी समग्र अभिव्यक्ति करने में छायावाद को वायवी भाववस्तु और बारीक शिल्प-शैली असमर्थ थी। इसके विरुद्ध प्रतिक्रिया होना सहज-स्वाभाविक था।

मुक्तिबोध के ही शब्दों में, छायावाद का विरोध करनेवाले, "ये दूसरे प्रकार के

लेखक सन् 1939 से ही छायावादी-आदर्शवादी भूमि को वैचारिक दृष्टि से त्याग रहे थे। उनका सबसे महत्वपूर्ण विरोध सिर्फ एक बात को लेकर था और वह यह कि छायावाद ने अर्थभूमि को संकुचित कर दिया है। सौन्दर्य, दुख, कष्ट, लक्ष्य, आदर्श, क्रोध, क्षोभ का चित्रण जो छायावाद में हुआ वह वास्तविक मनोदशाओं का नहीं वरन् कल्पित दुख, कष्ट, क्रोध, क्षोभ आदि का है। छायावादी मनोदशा वास्तविक जीवन का प्रतिनिधित्व नहीं करती, वह जीवन जो जिया जाता है, उसकी करुणा वास्तविक करुणा नहीं। छायावादी मनोभावों में रंगीनी इसलिए है कि उसमें जिन्दगी, जैसी कि वह जी जाती है, की असलियत लापता है। यही है कि वह मूल प्रतिक्रिया जो नई कविता ने उन दिनों छायावाद के विरुद्ध की थी।''[1]

छायावाद का विरोध करनेवाले कवियों के भी दो भिन्न वर्ग थे। एक वर्ग के कवियों ने सामाजिक और राजनैतिक प्रयोजन से साम्यवादी जीवन-दर्शन को अपनाया तथा सामाजिक यथार्थ को व्यक्त किया। दूसरे वर्ग के कवियों ने सामाजिक और राजनैतिक जीवन के प्रति जागरूक होते हुए भी अपने साहित्यिक व्यक्तित्व को नारेबाजी के स्तर पर न पहुँचाकर सामाजिक यथार्थ के साथ-ही-साथ व्यक्ति के आन्तरिक-यथार्थ को भी मुखरित किया। पहले वर्ग के कवियों को हिन्दी में प्रगतिवादी और दूसरे वर्ग के कवियों को प्रयोगवादी संज्ञा मिली है। प्रगतिवादी अपनी विशुद्ध राजनैतिक चेतना के कारण प्रचारवादी होता गया। उसकी चेतना पर उन दिनों रूस की लाल फ़ौज का प्रभाव आतंक की स्थिति तक जा पहुँचा था और ''अनेक प्रगतिशील कवियों ने लाल फौज पर कविताएँ लिखीं जिनमें अक्सर भौंड़ी तुकबन्दी और निरर्थक शब्द-जाल के दर्शन होते थे।''[2] मजदूर, हंसिया, हथौड़ा, हल, कुदाली आदि उनके काव्य के गिने-चुने विषय बन गए थे जिनमें नारेबाजी और राजनैतिक पत्रकारिता के तत्व ही अधिक थे, काव्य का मर्म नहीं था। प्रगतिवाद ने मनुष्य-जीवन का केवल राजनैतिक पक्ष उठाया। उसने सम्पूर्ण मनुष्य को अपना काव्य विषय नहीं बनाया।[3] अतः प्रगतिवादी काव्य के प्रति भी लोगों के मन में विरोधी-प्रतिक्रिया मुखर होने लगी।

इस समय तक विश्व द्वितीय महायुद्ध की चपेट में आ चुका था। बेकारी और भूख की समस्या ने व्यक्ति के मन में संशय व अनास्था को जन्म दिया तो दूसरी ओर सामाजिक मूल्यों में विघटन शुरू होने से व्यक्ति-सम्बन्धों में दरारें पड़ने लगीं। व्यक्ति का मन अनेक प्रकार की कुंठाओं में आवृत्त होने लगा। परिणामस्वरूप साहित्य में व्यक्तिवादी प्रवृत्तियाँ सिर उठाने लगीं। काव्य में घोर अन्तर्मुखी वैयक्तिक कुंठाओं व आत्मविश्लेषण को महत्व मिलने लगा। दूसरी ओर प्रगतिवादी कवियों की स्थूल-प्रचारवादी सामाजिक दृष्टि की निस्सारता का अहसास भी साहित्यिकों को होने लगा था। ऐसे ही

1. नए साहित्य का सौन्दर्यशास्त्र—गजानन माधव मुक्तिबोध पृ. 32।
2. डॉ. रामविलास शर्मा—'नई कविता : 'तारसप्तक' और उसके बाद' शीर्षक लेख, साप्ताहिक हिन्दुस्तान, 25 मई 1969, पृ. 25।
3. नई कविता का आत्मसंघर्ष तथा अन्य निबन्ध, गजानन माधव मुक्तिबोध, पृ. 19।

वातावरण में 'तारसप्तक' के प्रकाशन की युगान्तरकारी घटना घटी।

तारसप्तक का प्रकाशन : नई राहों की खोज

'तारसप्तक' में ये सात कवि एक साथ प्रकाशित हुए–मुक्तिबोध, नेमिचन्द्र जैन, भारतभूषण अग्रवाल, प्रभाकर माचवे, गिरिजाकुमार माथुर, रामविलास शर्मा तथा अज्ञेय। 'तारसप्तक' के सम्पादक अज्ञेय ने अपनी विस्तृत भूमिका में तथा अन्य कवियों ने अपने वक्तव्यों के माध्यम से हिन्दी साहित्य को एक नई चेतना से मंडित किया। अज्ञेय द्वारा लिखित 'तारसप्तक' की भूमिका में जो तथ्य प्रकाशित हुए वह यह कि इस संगह के सातों कवि एक ही स्कूल के नहीं हैं। वे राहों के अन्वेषी हैं तथा काव्य के प्रति एक अन्वेषी का दृष्टिकोण उन्हें समानता के सूत्र से बाँधता है। इसका यह अभिप्राय नहीं है कि प्रस्तुत संग्रह की सब रचनाएँ प्रयोगशीलता के नमूने हैं, या कि इन कवियों की रचनाएँ रूढ़ि-से अछूती हैं, या कि केवल यही कवि प्रयोगशील हैं और बाकी सब घास छीलनेवाले, वैसा दावा यहाँ कदापि नहीं, दावा केवल इतना है कि ये सातों अन्वेषी हैं।[1]

बाद में आलोचकगण 'तारसप्तक' की भूमिका तथा अज्ञेय के वक्तव्य में आए 'प्रयोग' शब्द को ले उड़े और 'तारसप्तक' के कवियों को प्रयोगवादी संज्ञा से मंडित कर दिया गया। इसके साथ ही साहित्य में 'प्रयोगवाद' नाम चल पड़ा जिसका बाद में अज्ञेय ने 'दूसरा सप्तक' की भूमिका में प्रतिवाद किया। मुक्तिबोध ने भी प्रयोगवाद संज्ञा को अनुचित ठहराते हुए लिखा–"वस्तुतः वे कविताएँ प्रयोग न होकर, साक्षात् कविताएँ थीं। नई कविता के विरोधियों ने निन्दा के तुच्छ भाव से, प्रयोगवाद शब्द चला दिया।"[2]

'तारसप्तक' की कविताएँ अपने सत्य-बोध या संवेदना के धरातल पर प्रगतिवाद से इतना अलगाव नहीं रखतीं जितना कि भाषा, छन्द व शिल्प के धरातल पर अलगाव रखती हैं। संवेदना के स्तर पर तारसप्तक के सभी कवि प्रगतिवाद से प्रभावित हैं लेकिन उनकी भाषा-शैली में अवश्य ही ऐसा कुछ है जो उन्हें प्रगतिवाद से अलग करता है। मुक्तछन्द वाक्यांशों को तोड़कर लिखना, कोष्ठकों में लिखना, आदि कुछ ऐसी शिल्पगत विशेषताएँ 'तारसप्तक' में मिलती हैं जिनकी संगति प्रगतिवादी काव्यधारा से नहीं बैठती। साथ ही इन कवियों का 'अहं' ऐसी सत्यनिष्ठा का प्रतीक बनकर आया है जो समाजविरोधी नहीं है। वह व्यापक जीवन-सत्य का अन्वेषी है। वस्तुतः प्रगतिशील कवियों की नारेबाज कविताई और किसी व्यापक सत्य की उपलब्धि की असमर्थता ने इन कवियों को प्रयोगशील होने के लिए प्रेरित किया।

इधर अनेक विद्वान आलोचकों ने प्रयोगवाद और नई कविता में कोई तात्विक अन्तर न मानते हुए, नई कविता को प्रयोगवादी कविता का ही विकसित रूप स्वीकार

1. द्रष्टव्य–'तारसप्तक' (सम्पादक–अज्ञेय), की भूमिका।
2. नए साहित्य का सौन्दर्यशास्त्र–गजानन माधव मुक्तिबोध पृ. 34।

किया है।[1] और इस प्रकार से नई कविता छायावादोत्तर कविता की ऐसी प्रमुख काव्य प्रवृत्ति बन जाती है जिसका आरम्भ 'तारसप्तक' से ही नहीं माना जा सकता क्योंकि 'तारसप्तक' के कवियों के ही साथ अन्य अनेक कवि भी ऐसी ही कविताएँ लिख रहे थे जिनमें शमशेर बहादुरसिंह, त्रिलोचन, भवानीप्रसाद मिश्र, केदारनाथ अग्रवाल आदि का उल्लेख किया जा सकता है। नेमिचन्द्र जैन के शब्दों में–''ये सभी कवि अपनी-अपनी जगह अपने-अपने परिवेश और व्यक्तित्व के दबाव से प्रभावित थे और इस प्रकार लिखने लगे कि अनायास उनकी कविता उत्तर छायावादी काव्य से–रामकुमार वर्मा, बच्चन, दिनकर, भगवतीचरण वर्मा, अंचल, सुमन तथा अन्य गीतकारों से–एक अपेक्षाकृत भिन्न अनुभूति को भिन्न रूप में प्रस्तुत कर रही थी। उनका कोई गुट नहीं था, कोई स्कूल नहीं था, कोई आन्दोलन नहीं था, कोई 'वाद' मठ नहीं था। वे सब बदलती हुई बाह्य और आन्तरिक परिस्थिति के सहभागी और सहयोगी थे।''[2]

डॉ. रामविलास शर्मा भी ऐसा ही मन्तव्य व्यक्त करते हुए लिखते हैं कि, ''सन् 1943-44 में पन्त, नरेन्द्र, केदार, शमशेर, कविता की जिस धारा के प्रतिनिधि हैं। 'तारसप्तक' उसमें प्रवाह की एक लहर है, नदी का स्थिर द्वीप नहीं।''[3] परन्तु श्रीकान्त वर्मा के विचारानुसार–''नई कविता की शुरुआत गलत नहीं थी। 'तारसप्तक' एक सही शुरुआत था। वह भाषा के कर्त्तव्यों को पहचानने का हिन्दी कविता में पहला प्रयत्न था। भाषा और अनुभव दो अलग चीजें नहीं बल्कि एक ही चीज हैं, इस तथ्य को पहली बार 'तारसप्तक' ने ही पहचाना था।''[4]

वस्तुतः 'तारसप्तक' की स्थिति वर्तमान नई कविता और पूर्ववर्ती छायावादी कविता के बीच की है। 'तारसप्तक' की कविताओं का अध्ययन करने पर यह तथ्य स्पष्ट रूप से सामने आता है कि 'तारसप्तक' की कविताओं में छायावादी रूमानियत, व्यक्तिपरक कुंठा, प्रगतिशील चेतना व शैलीगत विशेषताएँ घुली-मिली हैं। इन सभी की समन्वित अभिव्यक्ति ही 'तारसप्तक' का प्रमुख स्वर है। 'तारसप्तक' की कविताओं में भाषा के स्तर पर जहाँ भदेस का चित्रण[5] हुआ है वहीं उसमें छायावादी पदावली का संस्कार[6] भी मिलता है। और यह संस्कार इतना सूक्ष्म और तरल है कि आज भी अनेक नए कवियों की रचनाओं में उसकी अभिव्यक्ति देखी जा सकती है। डॉ. रामविलास शर्मा ने अपने लेख 'छायावादोत्तर नई छायावादी कविता' में अज्ञेय, गिरिजाकुमार माथुर, धर्मवीर भारती,

---

1. द्रष्टव्य–श्री देवराज का लेख–'नया साहित्य, नई कविता' प्रकाशन विभाग, भारत सरकार द्वारा प्रकाशित पुस्तिका 'नई कविता', में संगृहीत, पृ. 22।
2. बदलते परिप्रेक्ष्य–नेमिचन्द्र जैन, पृ. 167।
3. नई कविता : तारसप्तक और उसके बाद, (लेख) डॉ. रामविलास शर्मा, साप्ताहिक हिन्दुस्तान, 25 मई 1969, पृ. 25।
4. मुक्तिबोध की सार्थकता, (लेख) श्रीकान्तवर्मा–आलोचना, जुलाई-सितम्बर 1968, पृ. 57।
5. द्रष्टव्य–'तारसप्तक' (सं. अज्ञेय), पृ. 286।
6. द्रष्टव्य–वही पृ. 74।

जगदीश गुप्त आदि की कविताओं पर इस प्रभाव को दर्शाया है।[1]

आज नई कविता विकास के अनेक सोपानों को पार कर आई है। उसकी काव्य-संवेदना और काव्य-शिल्प में निरन्तर परिमार्जन दृष्टिगत होता है। वैचारिक धरातल पर भी नई कविता प्रौढ़ता को प्राप्त हुई है। नई कविता की पृष्ठभूमि के इस संक्षिप्त अध्ययन के बाद उसकी वर्तमान प्रवृत्तियों व विशेषताओं का अध्ययन करना असंगत न होगा।

नई कविता की मूल आत्म-चेतना का स्रोत उसके आधुनिक भावबोध में निहित है। यहाँ आधुनिकता का अर्थ समझ लेना समीचीन होगा। आधुनिकता केवल समसामयिकता नहीं है। वह एक ऐसी जीवन दृष्टि है जो जीवन के यथार्थबोध को स्वीकारते हुए अपने गतिशील चिन्तन से उसके साथ सामंजस्य स्थापित करती है। वह स्थितियों व वस्तुओं को मात्र भावना या अन्धश्रद्धा के आधार पर स्वीकार न करके, तर्क के आधार पर सहेजती है। मध्यकालीन काव्य का लक्ष्य जीवन से मुक्ति का पक्षपाती रहा है किन्तु आज का आधुनिक कवि मोक्ष की चिन्ता नहीं करता वरन् वह प्रत्येक क्षण को उसकी सम्पूर्णता में जी लेना चाहता है।

आज का प्रशिक्षित मनुष्य अपने परिवेश व परिस्थितियों के सन्दर्भ में अपनी प्रतिक्रियाओं की स्पष्ट अभिव्यक्त करना चाहता है। ऐसे मनुष्य की संवेदनात्मक प्रतिक्रियाओं की अभिव्यक्ति ही नई कविता में आधुनिकता का समावेश करती है। ऐसे मनुष्य की दृष्टिकोण मध्यकालीन धार्मिकता से अथवा छायावादी कल्पना की भावुक रागात्मकता से अनुप्राणित नहीं होता है। इसीलिए आज का नया कवि मनोवैज्ञानिक सत्यों के आधार पर वैज्ञानिक-भौतिकता को समकालीन जीवन के सत्य-बोध के रूप में स्वीकार करता है तथा कविता में उसकी अभिव्यक्ति भी करता है।

आधुनिकता बोध व्यक्ति में यथार्थ-दृष्टिकोण का निर्माण करता है। यह दृष्टिकोण आन्तरिक और बाह्य दोनों ही यथार्थ को महत्व देता है। आज के नए कवि का दृष्टिकोण भी यथार्थपरक है और जो सीमित न होकर विस्तृत है। इसलिए नया कवि जहाँ एक ओर प्रगतिवादियों के सामाजिक, राजनैतिक यथार्थ को अभिव्यक्त कर देता है वहीं मानव-मन की अन्धगुहाओं में छिपी मनोवृत्तियों को भी उद्‌घाटित करता है। नई कविता में पहली बार लघु मानव की व्यथा, उसकी क्षुद्रता और उसके अहं को अभिव्यक्ति मिली।

बौद्धिक दृष्टि से यथार्थ की परख करना आज के नए कवि या नई कविता की एक अन्य महत्वपूर्ण विशेषता है। नया कवि अपने परिवेश का बौद्धिक दृष्टि से पोस्ट-मार्टम करता है, उससे निकलने के लिए समाधान भी खोजता है। यह बात और है कि उसे समाधान प्राप्त होता है या नहीं। नई कविता की धारणा है कि प्रत्येक अनुभूति के पीछे एक बौद्धिक पृष्ठभूमि भी होती है तथा उस पृष्ठभूमि को अकाव्यात्मक

1. द्रष्टव्य–डॉ. रामविलास शर्मा का लेख–छायावादोत्तर नई छायावादी कविता–धर्मयुग, 18 जनवरी 1970, पृ. 20।

नहीं कहा जा सकता। बौद्धिकता भी काव्य का अंग होती है क्योंकि अनुभूति भी जीवन्तता का प्रमाण होती है। बौद्धिकता आज के व्यक्ति की पहचान है। बौद्धिक तर्कशीलता उसके व्यक्तित्व की विशिष्टता बन गई है अतः उसकी अनुभूति बौद्धिकता से शून्य नहीं हो सकती।

नई कविता यह मानकर चलती है कि प्रत्येक अनुभूति को व्यक्त करने का माध्यम अलग होता है और वह अनुभूति में से ही उद्घाटित होता है। इसीलिए नई कविता में क्षण को अत्यन्त महत्वपूर्ण माना गया है क्योंकि किसी भी अनुभूति का महत्व उसके उस क्षण विशेष से अलग नहीं है जब व्यक्ति उससे (अनुभूति से) साक्षात्कार करता है। समग्र जीवन के सन्दर्भ में क्षण की स्थिति नगण्य ही मानी जाती है किन्तु सृजन के सन्दर्भ में क्षण के महत्व को अस्वीकार नहीं किया जा सकता।

सामान्यतः विद्वान् आलोचकों का यह मत रहा है कि नई कविता परम्परा का खंडन करती है। नई कविता का विश्वास परम्परा के विध्वंस में है। वस्तुतः ऐसा है नहीं। नई कविता का विश्वास उस परम्परा में नहीं है जो रूढ़ि बन चुकी है। ऐसी परम्परा, जो नए को प्रोत्साहित नहीं कर पाती, प्रेरणा नहीं दे पाती, वस्तुतः परम्परा नहीं है, रूढ़ि है। प्रत्येक स्वस्थ पीढ़ी परम्परा का नहीं, रूढ़ियों का संहार करती है क्योंकि वह उनके सृजन की सबसे बड़ी बाधा होती है जिससे हर नया सर्जक छुटकारा पाना चाहता है। नई कविता भी ऐसी रूढ़ियों को तोड़ने का आग्रह रखती है। ये रूढ़ियाँ उसके भाव-बोध को 'बाधित' करती हैं और इस प्रकार से अनुभूति की सार्थक अभिव्यक्ति का मार्ग अवरुद्ध करती हैं। अतः नई कविता परम्परा के निर्जीव अंशों के स्थान पर जीवन्त तत्वों को स्वीकार करती है।

नई कविता, काव्य-शिल्प की दृष्टि से भी, परवर्ती कविता से विशिष्ट है। वह शिल्प को विषयवस्तु से अलग कर नहीं देखती। क्योंकि प्रत्येक नए विषय के साथ-ही-साथ उसका शिल्प भी स्वयं विकसित होता है। पुराना शिल्प नई भाववस्तु को सहेजने में समर्थ नहीं हो पाता है और इस प्रकार भाव-वस्तु की नवीनता शिल्प को भी नया आकार देती है।

शिल्प का सम्बन्ध शिल्पी के व्यक्तित्व से भी जुड़ा होता है। कलाकार के व्यक्तित्व की सक्षमता उसके शिल्प का निर्माण करती है। नई कविता कवि-व्यक्तित्व की स्वतन्त्रता को महत्व देती है और प्रत्येक कवि का व्यक्तित्व कुछ-न-कुछ विशिष्टता अवश्य लिए होता है। अतः उसके शिल्प में विशिष्टता का समावेश स्वतः हो जाता है।

नया कवि छन्द की अनिवार्यता को स्वीकार न करके मुक्त छन्द को प्रश्रय देता है। इससे पहले निराला काव्य में छन्द-क्रान्ति कर ही चुके थे। नए कवि ने भी पुराने छन्दों को तोड़ना चाहा और अपने लिए ऐसे नए छन्द का निर्माण करने का प्रयास किया जो विषयवस्तु के अनुरूप स्वतः निसृत होता है। वर्णों और मात्राओं के आधार पर छन्द-निर्माण न करके नई कविता का कवि भाववस्तु की स्वाभाविक लय के आधार पर छन्द का विधान करता है। इसके लिए वह कहीं वाक्यांशों को तोड़कर कोष्ठकों में रखता

है तो कहीं प्रश्नवाचक, विस्मयादिबोधक आदि चिह्नों का प्रयोग करके अपने भावों को सम्प्रेष्य बनाने का प्रयास करता है।

भाषा के प्रति नया कवि अपेक्षाकृत अधिक सजग और सक्रिय है। अपने अनुभूत क्षणों को सार्थक अभिव्यक्ति देने की समस्या उसे सबसे अधिक आन्दोलित करती है। क्योंकि उसे लगता है कि भाषा का प्रचलित रूप उसकी नूतन भावानुभूति को उसी रूप में व्यक्त नहीं कर सकता जिस रूप में तथा जितनी तीव्रता से उसने उस भावानुभूति को ग्रहण किया है।

समग्र रूप से नई कविता उस विकसित भाव-बोध की कविता है जो आधुनिकता को ग्रहण करती हुई व्यक्ति के अहं और कुंठित व्यक्तित्व को महत्व देकर उस शिल्प को स्वीकारती है जो भाव-वस्तु में से ही उद्भूत होता है। नई कविता ऐसी यथार्थ अनुभूतियों को प्रश्रय देती है जो सर्वथा नवीन दिशाओं का सन्धान करने की प्रवृत्ति रखती है। इसीलिए नई कविता में न तो छायावादी कवियों की-सी वायवी-काल्पनिकता का मोह-जाल है और न ही प्रगतिवादियों की तरह का नारेबाजी से युक्त राजनैतिक आग्रह। उसकी आस्था लघु मानव की विशिष्टता में है जिसका एक-एक क्षण अनेक प्रकार की मिश्रित अनुभूतियों से भरा होता है। इस प्रकार नई कविता 'व्यक्ति सत्य' से 'व्यापक सत्य' की ओर बढ़ने का सार्थक प्रयास है।

नई कविता की पृष्ठभूमि तथा प्रवृत्तियों का अध्ययन करने के उपरान्त अब इस ऐतिहासिक-सन्दर्भ में मुक्तिबोध के महत्व का आकलन करना उचित होगा।

नई कविता के ऐतिहासिक सन्दर्भ में मुक्तिबोध का महत्व इसी तथ्य से स्वयं-सिद्ध है कि मुक्तिबोध नई कविता की प्रथम समन्वित-कृति 'तारसप्तक' के एक संकलित कवि हैं। 'तारसप्तक' में मुक्तिबोध की सार्थकता को शमशेर बहादुरसिंह इन शब्दों में प्रकट करते हैं कि "उस संग्रह में मुक्तिबोध का योग उस समय सबसे प्रौढ़ चाहे न हो, मगर शायद सबसे मौलिक था।"[1] और डॉ. रामविलास शर्मा के शब्दों में–"जो लोग नई कविता के लिए मुक्तिबोध का युगान्तकारी महत्व स्वीकार करते हैं, उन्हें 'तारसप्तक' का भी युगान्तकारी महत्व स्वीकार करना चाहिए, इसलिए कि उसमें मुक्तिबोध की रचनाएँ छपी थीं।"[2]

मुक्तिबोध की रचनाएँ : भाव और शिल्प

मुक्तिबोध का साहित्य लेखन-क्रम सन् 1935 से प्रारम्भ होता है,[3] और छायावादी काव्य की चरम उपलब्धि 'कामायनी का प्रकाशन सन् 1936 में होता है, जिसके उपरान्त

1. 'चाँद का मुँह टेढ़ा है' (भूमिका), गजानन माधव मुक्तिबोध', पृ. 16।
2. 'नई कविता : तारसप्तक और उसके बाद', (लेख) डॉ. रामविलास शर्मा, साप्ताहिक हिन्दुस्तान, 25 मई 1969।
3. तारसप्तक (जीवन तथ्य-गजानन माधव मुक्तिबोध), सम्पादक अज्ञेय, पृ. 39।

छायावाद-युग पतन की ओर बढ़ जाता है अर्थात् मुक्तिबोध के साहित्यिक-जीवन की शुरुआत छायावाद के पतनकाल से शुरू होती है। यह तथ्य अत्यन्त महत्वपूर्ण है क्योंकि प्रत्येक कवि की रचनाओं में उसका युग भी अभिव्यक्ति पाता है और मुक्तिबोध का युग द्वन्द्व का युग था। जहाँ एक और कुछ कवि अपने देह-राग को अपनी कविता में सँजो रहे थे तो कुछ साहित्यिक, कविता को राजनैतिक धरातल पर उतारकर उससे हँसिया-हथौड़े व लाल फौज का प्रचार कर रहे थे। ऐसे समय मुक्तिबोध ने साहित्य की दुनिया में यह कहते हुए प्रवेश किया कि "मेरे बाल-मन की पहली भूख सौन्दर्य की थी और दूसरी विश्वमानव के सुख-दुख की। इन दोनों का संघर्ष मेरे साहित्यिक जीवन की पहली उलझन थीं।"[1] शायद इसीलिए मुक्तिबोध ने 'तारसप्तक' की कविताओं के लिए कहा कि–"मेरी ये कविताएँ अपना पथ ढूँढ़नेवाले बेचैन मन की ही अभिव्यक्ति है।"[2] पथ ढूँढ़ने की इस बेचैनी ने ही उन्हें 'राहों' का अन्वेषी बना दिया।

मुक्तिबोध अपने युग को बड़ी बारीकी-से पहचानते थे। नई कविता के जन्म और विकास के वे एकान्त-साक्षी रहे तथा अपने कई लेखों में उन्होंने नई कविता के इस ऐतिहासिक सन्दर्भ को प्रस्तुत करते हुए अपने मत दिए हैं जो नई कविता में उनकी भूमिका के मूल्यांकन में महत्वपूर्ण भूमिका निभा सकते हैं।

मुक्तिबोध के मतानुसार "नई कविता का जन्म छायावादी व्यक्तिवाद के विरुद्ध यथार्थोन्मुख व्यक्तिवाद की ही बग़ावत था। यह बग़ावत इसीलिए सम्भव थी कि देश की बिगड़ी हुई दशा में मध्यम वर्ग के साधारण व्यक्ति का जीवन असह्य हो उठा था। ऐसा व्यक्ति यह सोचता था कि तत्कालीन रोमैंटिक कविता कम-से-कम उसके कष्टग्रस्त जीवन के मनोभावों के यथार्थ को तो उभारे।'[3] और मुक्तिबोध ने साधारण व्यक्ति के जीवन के यथार्थ मनोभावों को अपने काव्य का विषय बनाते हुए प्रत्येक मनु के पुत्र पर अपने विश्वास को प्रदर्शित किया।[4] उनके सामने समस्या थी तो यह कि–

मेरे सभ्य नगरों और ग्रामों में
सभी मानव
सुखी, सुन्दर व शोषण मुक्त कब होंगे।[5]

मुक्तिबोध नई कविता की आन्तरिक संरचना और उसके भाव-जगत् से पूर्णतः परिचित होने के साथ-ही-साथ एक विवेचक-समीक्षक की शक्ति से भी मंडित थे। उन्होंने अपनी निबन्ध-पुस्तकों–'नई कविता का आत्मसंघर्ष तथा अन्य निबन्ध' तथा 'नए साहित्य का सौन्दर्यशास्त्र'–में नई कविता की अनेक प्रवृत्तियों तथा विशेषताओं पर बड़ी बारीकी से प्रकाश डालते हुए अपने आलोचक व्यक्तित्व को भी स्थापित किया है। 'नए साहित्य

---

1. तारसप्तक (गजानन माधव मुक्तिबोध का वक्तव्य) पृ. 41-42।
2. वही, पृ. 43।
3. नए साहित्य का सौन्दर्यशास्त्र-गजानन माधव मुक्तिबोध, पृ. 32-33।
4. तारसप्तक–सं. अज्ञेय, पृ. 49।
5. चाँद का मुँह टेढ़ा है–गजानन माधव मुक्तिबोध, पृ. 162।

का सौन्दर्यशास्त्र' में वे नई कविता की प्रवृत्तियों का विश्लेषण करते हुए लिखते हैं–''चूँकि नई कविता कल्पना प्रवण, भावुकतापूर्ण, वायवीय आदर्शवादी व्यक्तिवाद के विरुद्ध यथार्थवादी व्यक्तिवाद की बग़ावत थी, इसलिए उसमें (1) बौद्धिकता के कारण यथार्थवादी आत्मचेतना और (2) व्यक्तिवाद का आत्मकेन्द्री स्वरूप अर्थात् वास्तविक सुख-दुख की सामाजिक पार्श्वभूमि और ऐतिहासिक शक्तियों के प्रति सघन रागात्मक सम्बन्ध की क्षीणता पाई जाती है। ध्यान रहे कि इन्हीं दो मूलभूत बातों से शेष सब बातें या विशेषताएँ प्रादुर्भूत होती हैं। चूँकि नई कविता की यथार्थोन्मुख बौद्धिकता व्यक्ति और समाज के सम्पूर्ण प्रश्नों का उत्तर नहीं दे सकती थी, इसलिए धीरे-धीरे उसमें साम्यवाद आना निश्चित ही था। तारसप्तक के प्रकाशन (सन् 1943) तक उसके चार कवि प्रगतिवादी और दो कवि प्रगतिवाद से प्रभावित हुए। केवल एक अज्ञेय प्रगतिवादी न हो सके। यहाँ यह बात ध्यान में रखने की है कि कांग्रेस सोशलिस्ट पार्टी बनने के अनन्तर सन् 42 तक वामपक्षी विचारधाराएँ युवकों में फैल चुकी थीं। यह भी ध्यान देने की बात है कि साधारण रूप से तारसप्तक में संगृहीत कविताएँ सन् 42 के उत्तरार्द्ध के पूर्व की ही कविताएँ हैं। इसलिए, उन कविताओं में पूँजीवादी के विरुद्ध लोभ के बावजूद चेतना का ही प्राधान्य है।''[1]

नई कविता की आन्तरिक संघटना में निहित द्वन्द्व का कारण समझाते हुए मुक्तिबोध लिखते हैं–''नई कविता, वैविध्यमय जीवन के प्रति आत्मचेतस व्यक्ति की संवेदनात्मक प्रतिक्रिया है चूँकि आज का वैविध्यमय जीवन विषम है, आज की सभ्यता ह्रासग्रस्त है, इसलिए आज की कविता में तनाव होना स्वाभाविक ही है। किसी भी युग का काव्य अपने परिवेश से या तो द्वन्द्व रूप में स्थित होता है या सामंजस्य के रूप में नई कविता अधिकतर द्वन्द्व रूप में स्थित है। इसका अर्थ यह नहीं कि नई कविता में हृदय का सहज रस या रमणीयता नहीं है।''[2]

विषयवस्तु के साथ-ही-साथ काव्यशिल्प भी बदल जाता है यह मुक्तिबोध जानते और मानते थे। नई कविता के शिल्प में भी यही बदलाव आया है क्योंकि बकौल मुक्तिबोध– ''युग परिवर्तन के साथ, भिन्न स्वभाववाले कवि सामने आते हैं, उन कवियों के विषय भिन्न होते हैं और काव्यशिल्प भी भिन्न।''[3] मुक्तिबोध का अपना स्वयं का काव्यशिल्प भी इस बात का प्रमाण हो सकता है। उनकी भाषा, उनके बिम्ब और प्रतीक, अर्थात् शिल्प के सभी उपादान एक नई प्राणवत्ता से समन्वित हैं। उनमें अनगढ़पन है लेकिन यही उनके शिल्प की मौलिकता है। उन्होंने अपने शिल्प का निर्माण स्वयं किया और 'अपने स्वयं के शिल्प का विकास केवल वही कवि कर सकता है, जिसके पास अपने निज का कोई ऐसा मौलिक विशेष हो, जो यह चाहता हो कि उसकी अभिव्यक्ति उसी के मनस्तत्वों के आकार की, उन्हीं मनस्तत्वों के रंग की, उन्हीं के स्पर्श और गन्ध की हो।''[4]

---

1. नए साहित्य का सौन्दर्यशास्त्र–गजानन माधव मुक्तिबोध, पृ. 33।
2. नई कविता का आत्मसंघर्ष तथा अन्य निबन्ध–गजानन माधव मुक्तिबोध, पृ. 12।
3. वही, पृ. 13।
4. चाँद का मुँह टेढ़ा है (भूमिका), गजानन माधव मुक्तिबोध, पृ. 26।

वस्तुतः नई कविता के क्षेत्र में मुक्तिबोध की भूमिका महत्वपूर्ण ही नहीं, सार्थक भी है। आरम्भ में नए कवि की समस्या छायावादी वायवीयता, उत्तर छायावादियों के देह-राग-कीर्तन और प्रगतिवादियों की प्रचारवादी दलदल से निकलने की समस्या थी। मुक्तिबोध ने शायद सबसे पहले और गम्भीर रूप में इस छायावादोत्तर अगम्भीरता से निबटने का संकल्प किया (जिससे आज भी कई नए कवि आक्रान्त हैं तथा आरम्भ में मुक्तिबोध की शब्दावली पर भी छायावादी प्रभाव था) और अपनी कविताओं में ऐसे भयावह वातावरण का निर्माण किया जिसमें छायावादियों का सुन्दर, कोमल-सुखद परिवेश गायब हो गया और उसकी जगह तिलस्मी खोह, चंबल की घाटियाँ, अग्नि-सरोवर, ज्वालामुखी पर्वत, अँधेरे आदि ने ले ली। मुक्तिबोध ने अपनी कविताओं में भयानक फैंटेसियों की रचना करके, छायावादियों के रेशमी, मलमल से महीन वायवी वातारण को जिसमें रजनीगन्धा की महक में डूबे कुँज हैं, मृदुल अधखुले अंग हैं, बिजली के फूल हैं, लाज भरा सौन्दर्य है, छिन्न-भिन्न कर दिया। उनकी भाषा संहारक बनकर प्रकट हुई है क्योंकि मुक्तिबोध जानते थे कि छायावाद से मुक्ति पाने के लिए भाषा का संहार जरूरी है और उन्होंने भरसक भाषा को नष्ट किया। मुक्तिबोध का महत्व नई कविता की भाषा-संयोजना के लिए सदैव स्मरणीय रहेगा।

नई कविता में मुक्तिबोध की भूमिका को रेखांकित करते हुए शमशेर लिखते हैं–"मुक्तिबोध ने छायावाद की सीमाएँ लाँघकर, प्रगतिवाद से मार्क्सीय दर्शन ले, प्रयोगवाद के अधिकांश हथियार सँभाल, और उसकी स्वतन्त्रता महसूस कर, स्वतन्त्र कवि रूप से, सब वादों और पार्टियों से ऊपर उठकर, निराला की सुथरी और खुली मानवतावादी परम्परा को बहुत आगे बढ़ाया।'[1] तारसप्तक के दूसरे परिवर्द्धित संस्करण की समीक्षा में, मुक्तिबोध के महत्व का आकलन करते हुए श्री नरेन्द्र शर्मा लिखते हैं–"मुक्तिबोध के सम्बन्ध में आदरसहित कहा जा सकता है कि वे इसलिए सर्व स्वीकृत, पहुँचे हुए कवि नहीं बन सके, क्योंकि वे अन्वेषक और राही थे। काव्य-लक्ष्मी मुक्तिबोध से दूर रही, क्योंकि उनका लक्ष्य बहुत दूर था। ऐसे कवि के लिए असफलता ही सफलता है। उनके चाँद का मुँह भले ही टेढ़ा रहा, पर सफलता का घी निकालने के लिए उनकी उँगलियाँ कभी टेढ़ी नहीं हुईं।"[2]

जीवन के कटु, भयावह यथार्थ-क्षणों से उलझने का दावा सम्भवतः हर साहित्यकार करता है लेकिन उनमें कितने लोग इस दावे को निभा पाते हैं यह बात और है। किन्तु मुक्तिबोध के सन्दर्भ में यह बात सवा सोलह आने ठीक है। मुक्तिबोध ने अपने काव्य-साहित्य को सही मायनों में जीवन-यथार्थ का संवाहक बनाया। मुक्तिबोध का साहित्य निस्सन्देह उनके जीवन संघर्ष की ही गाथा है। नई कविता में उनकी भूमिका

1. चाँद का मुँह टेढ़ा है–गजानन माधव मुक्तिबोध, पृ. 26।
2. धर्मयुग–28 मई 1967, पृ. 47।

का सर्वश्रेष्ठ अंश इसी जीवन-संघर्ष गाथा में निहित है। आज का सार्थक कवि-व्यक्तित्व कैसा हो, इसके सम्बन्ध में मुक्तिबोध की स्पष्ट धारणा थी कि "आज ऐसे कवि चरित्र की आवश्यकता है, जो मानवीय वास्तविकता का बौद्धिक और हार्दिक आकलन करते हुए सामान्य जनों के गुणों और उनके संघर्षों से प्रेरणा और प्रकाश ग्रहण करें। उनके संचित जीवन विवेक को स्वयं ग्रहण करें तथा उसे और अधिक निखारकर कलात्मक रूप में उन्हीं की चीज उन्हें लौटा दें।"[1] यहाँ यह कहना असंगत न होगा कि मुक्तिबोध जीवन भर अपनी उपर्युक्त धारणा को सार्थक सिद्ध करने में लगे रहें और लोहे को सोना बनाने की फिक्र में, लगातार काम करते हुए नष्ट हो गए।"[2]

समग्रतः नई कविता के मंच पर मुक्तिबोध की भूमिका को अविस्मरणीय कहा जा सकता है। उन्होंने जहाँ एक ओर अपने काव्य-सृजन द्वारा नई कविता की श्रीवृद्धि की है वहीं दूसरी ओर नई कविता के विभिन्न सन्दर्भों को गद्य में, वैज्ञानिक ढंग से स्पष्ट करके हमारी नई कविता की समझ को साफ भी किया है। भाव-वस्तु व शिल्प की नवीनता तथा सशक्तता के साथ-ही-साथ, जीवन-दृष्टि की जिस दृढ़ता को उन्होंने नई कविता में स्थापित किया है, वही उनकी भूमिका के महत्व का प्रतिमान बन सकती है। अतः अगले अध्यायों में हम उनकी काव्य-संवेदना व उसके भाषिक रूपान्तरण का अध्ययन करके नई कविता में उनके योगदान का आकलन करने का प्रयास करेंगे।

1. नई कविता का आत्मसंघर्ष तथा अन्य निबन्ध–गजानन माधव मुक्तिबोध, पृ. 21।
2. आस्वाद के धरातल, धनंजय वर्मा–पृ. 130।

मुक्तिबोध की काव्य संवेदना : अनुभूति की नई तराश

संवेदनशीलता का आधिक्य साहित्यकार को एक सामान्य जन से अलगाता है। साहित्यकार अपेक्षाकृत अधिक संवेदनशील होता है। बाह्य जगत् के साक्षात्कार से उत्पन्न विभिन्न प्रकार के विचारों को साहित्यकार विभिन्न प्रकार की संवेदनाओं में परिणत कर लेता है और फिर उन्हीं संवेदनाओं के चित्र बनाकर वह उन्हें अपने साहित्य में प्रस्तुत कर देता है। साहित्यकार मानव-जीवन के सत्य को जानना चाहता है। उसका साहित्य वस्तुतः सत्य की खोज के लिए किए गए प्रयासों का प्रमाण-मात्र होता है। मानव-जीवन के सत्य की खोज दार्शनिक भी करता है किन्तु दोनों की अन्वेषण-प्रक्रिया में पर्याप्त अन्तर है। दार्शनिक जहाँ सत्य की स्थापना तर्कों एवं तथ्यों के आधार पर करने की चेष्टा करता है वहाँ साहित्यकार संवेदना के धरातल पर सत्य को उद्‌घाटित करने का प्रयास करता है। इसलिए किसी भी कवि-साहित्यकार के कृतित्व का मूल्यांकन करने के लिए उसकी काव्य-संवेदना के आधार, विकास और परिणति का अध्ययन आवश्यक ही नहीं, अनिवार्य हो जाता है।

काव्य संवेदना का तात्पर्य

सामान्यतः आजकल 'संवेदना' शब्द का प्रयोग सहानुभूति के अर्थ में होने लगा है। काव्य के सन्दर्भ में यह अर्थ अस्पष्ट और भ्रामक है। अतः काव्य-संवेदना का तात्पर्य जान लेना असंगत न होगा। साधारणतः अंग्रेजी के 'सेंसीबिलिटी' शब्द के वज़न पर 'संवेदना' शब्द का प्रयोग कर दिया जाता है जिसका अर्थ भावुकता, भावप्रवणता आदि होता है। किन्तु 'संवेदना' शब्द मात्र भावुकता या भावप्रवणता तक ही सीमित न होकर ज्ञान और विवेक को भी अपने में समाहित कर लेता है। इस प्रकार 'संवेदना' शब्द में बौद्धिक-चेतना भी समाविष्ट होती है। मुक्तिबोध ने अपनी 'साहित्यिक डायरी' में लिखा है–"मानसिक प्रतिक्रिया में संवेदना अन्तर्भूत है, किन्तु उसमें दृष्टि या दृष्टिकोण भी अन्तर्भूत है।"[1] इस दृष्टि या दृष्टिकोण का सम्बन्ध व्यक्ति की बौद्धिक चेतना से ही होता है। बौद्धिक चेतना की समन्विति के कारण संवेदना मात्र सहानुभूति या भावुकता नहीं रह जाती है।

1. एक साहित्यिक की डायरी–गजानन माधव मुक्तिबोध–पृ. 136।

"मूलतः 'संवेदना' का अर्थ है ज्ञानेन्द्रियों द्वारा प्राप्त अनुभव या ज्ञान। साहित्यिक सन्दर्भ में संवेदनशीलता मन की प्रतिक्रिया की शक्ति ही है जिसके द्वारा संवेदनशील व्यक्ति दूसरे किसी व्यक्ति के सुख-दुख को समझकर उससे अपना तादात्म्य कर लेता है।"[1] इस प्रकार संवेदना 'स्व' और 'पर' की सम्बन्ध चेतना है। अज्ञेय के अनुसार–"संवेदना वह यन्त्र है जिसके सहारे जीव-यष्टि अपने से इतर सब कुछ के साथ सम्बन्ध जोड़ती है–वह सम्बन्ध एक साथ ही एकता का भी है और भिन्नता का भी क्योंकि उसके सहारे जहाँ जीव-यष्टि अपने से इतर जगत को पहचानती है वहाँ उससे अपने को अलग भी करती हैं।"[2] सारतः काव्य-संवेदना से अभिप्राय उस सम्बन्ध चेतना से है जो कवि का सम्बन्ध इतर-जगत् से जोड़ती हुई दोनों की विशिष्टता को बनाए भी रखती है।

कविता में संवेदनाएँ शब्दों में व्यक्त होती हैं। संवेदनाओं को व्यक्त करने के लिए शब्दों को विभिन्न भंगिमाएँ धारण करनी पड़ती हैं जिनका सम्बन्ध कवि के अभिव्यंजना कौशल से होता है। मुक्तिबोध की काव्य संवेदना उनके सामाजिक परिवेश और व्यक्तित्व से घनिष्ट रूप से जुड़ी हुई है। उसमें 'स्व' और 'पर' की सम्बन्ध-चेतना का सम्यक् निर्वाह दृष्टिगत होता है। पिछले अध्याय में हम मुक्तिबोध के सामाजिक परिवेश और उनके व्यक्तित्व की परस्पर धर्मिता की चर्चा कर चुके हैं अतः उसे यहाँ दोहराना असंगत होगा। प्रस्तुत अध्याय में हम मुक्तिबोध के उन संवेदन-सूत्रों को विश्लेषित करने का प्रयास करेंगे जिनसे मिलकर मुक्तिबोध की काव्य-संवेदना अपना आकार ग्रहण करती है।

'तारसप्तक' में मुक्तिबोध की काव्य-संवेदना का स्वरूप

मुक्तिबोध की कविताओं का प्रथम संकलन 'तारसप्तक' में हुआ है और सम्भवतः कवि के रूप में मुक्तिबोध की ख्याति और उनकी कविताओं की चर्चा भी 'तारसप्तक' के प्रकाशनोपरान्त ही प्रारम्भ हुई है। अतः मुक्तिबोध की काव्य-संवेदना के विकास से परिचित होने के लिए 'तारसप्तक' की ऐतिहासिक संगति का अध्ययन महत्वपूर्ण होगा।

'तारसप्तक' के संकलन काल की पृष्ठभूमि में छायावादी काव्य-आन्दोलन समाप्तप्राय हो चला था। प्रगतिवाद एक प्रभावशाली साहित्य-आन्दोलन के रूप में महत्वपूर्ण होता जा रहा था। इसके साथ-ही-साथ छायावाद की एकान्तिक वैयक्तिकता की सूक्ष्म परिणति बच्चन और अंचल की अधिकांश कविताओं तथा नरेन्द्र शर्मा इत्यादि की कुछ कविताओं में विकसित हो रही थी। इस समय के आसपास ही त्रिलोचन शास्त्री का काव्य-संग्रह "धरती" प्रकाशित हुआ जिसमें उनकी प्रगतिशील कविताएँ संगृहीत थीं तथा जो सामान्य जगत् के सौन्दर्य-पक्ष को उद्घाटित करने की क्षमता से भी युक्त थीं। त्रिलोचन शास्त्री के अतिरिक्त नागार्जुन, केदारनाथ अग्रवाल, शमशेर बहादुर सिंह, शिवमंगल सिंह सुमन,

1. मानविकी पारिभाषिक कोश–सं. डॉ. नगेन्द्र (साहित्य खंड), पृ. 234।
2. हिन्दी साहित्य : एक आधुनिक परिदृश्य-अज्ञेय–पृ. 17।

भवानी प्रसाद मिश्र, नरेन्द्र शर्मा, प्रभृति कवि प्रगतिशील साहित्य की सर्जना में रत थे। स्वयं सूर्यकान्त त्रिपाठी 'निराला' भी इन दिनों प्रगतिशील साहित्य की रचना कर रहे थे। उधर सुमित्रानन्दन पन्त ने सन् 1936 में 'युगान्त' की घोषणा करके "रूपाभ" निकाला तथा वे 'युगवाणी' तथा 'ग्राम्या' की रचना कर चुके थे।

'तारसप्तक' इसी साहित्यिक वातावरण में संकलित हुआ था। अतः इस साहित्यिक वातावरण का दबाव उस पर खोजना अप्रासंगिक न होगा।

'तारसप्तक' में संगृहीत अनेक कविताएँ, छायावाद और प्रगतिवाद, दोनों की विशेषताओं से युक्त हैं। उनमें छायावाद की शब्दावली व व्यक्तिपरकता के साथ-ही-साथ प्रगतिवाद की सामाजिकता व शब्दावली भी मौजूद है। लेकिन यह समझना भूल होगी कि 'तारसप्तक' की कविताएँ केवल छायावादी व प्रगतिवादी विशेषताओं की समन्विति हैं या वे इन्हीं की विशेषताओं का प्रतिनिधित्व करती हैं। वस्तुतः 'तारसप्तक' की कई कविताओं में व्यक्तिमन की एकान्तिकता छायावाद से भी आगे बढ़ी हुई प्रतीत होती है। इसके साथ ही हम 'तारसप्तक' की पदावली, वाक्यगठन, वाक्यांशों का क्रम, कोष्ठकों का प्रयोग आदि में भी नयापन पाते हैं। इन्हें अवश्य ही 'तारसप्तक' की नवीनता माना जा सकता है। किन्तु यहाँ यह स्मरण रखना आवश्यक है कि ये विशेषताएँ 'तारसप्तक' में संकलित सभी कवियों या सभी कविताओं की नहीं हैं बल्कि कुछ कवि तथा कविताओं की हैं। इस दृष्टि से 'तारसप्तक' छायावाद और प्रगतिवाद की विभिन्न विशेषताओं को लिए-लिए एक ऐसा काव्य-संकलन प्रतीत होता है जिसमें छायावादोत्तर और प्रगतिवादोत्तर विशेषताएँ भी निहित हैं।

'तारसप्तक' की भूमिका में अज्ञेय ने लिखा है कि इस संग्रह के सातों कवियों की रुचियाँ भिन्न हैं, व्यक्तित्व भिन्न हैं। यदि कोई समानता है तो यह कि ये 'राहों के अन्वेषी हैं।'[1] इससे लगता है कि 'तारसप्तक' में संगृहीत कवियों की भिन्नता संकलन के सम्पादक की दृष्टि से दूर नहीं थी तथा उन्हें इन कवियों की समानता–नई राहों के अन्वेषण–का ज्ञान भी था। इससे स्पष्ट है कि 'तारसप्तक' के सभी कवियों के कथ्य और शिल्प में समानता व एकरूपता नहीं है। ये कवि भाव या शैली के आधार पर स्थापित किसी एक काव्य-परम्परा या काव्य-आन्दोलन के कवि नहीं हैं। वे अपने-अपने ढंग और सामर्थ्य से काव्य की नई भूमि तोड़ रहे हैं।

साधारणतः 'तारसप्तक' को प्रयोगवादी काव्यधारा का प्रवर्तक संकलन माना जाता है किन्तु प्रयोगवादी काव्यधारा की विशेषताओं का सम्यक् निर्देश सर्वमान्य रूप से अभी तक नहीं हो पाया है। इसीलिए कई आलोचकों ने काव्य-धारा के रूप में प्रयोगवाद के अस्तित्व पर सन्देह प्रकट किया है क्योंकि प्रयोग किसी भी काव्य-धारा की विशेषता या उसका भेदक तत्व नहीं बन सकता। प्रत्येक काव्यधारा ही नहीं वरन् प्रत्येक युग का समर्थ कवि प्रयोग करता है। भाव और शैली की नई ज़मीन तोड़ता है।

---

4. तारसप्तक (भूमिका) अज्ञेय, पृ. 12।

व्यक्तिपरकता और समाज निरपेक्षता छायावादी काव्य में ही नहीं वरन् 'तारसप्तक' की कुछ कविताओं पर भी परिलक्षित होती है जो इतनी अधिक गहरा गई है कि उसकी अभिव्यक्ति के लिए उन्हें अपनी शैली का प्रयोग करना पड़ा है। इस व्यक्तिवादिता के प्रस्तुतीकरण के कई सामाजिक और ऐतिहासिक कारण हैं जिन्हें जानना महत्वपूर्ण है। द्वितीय विश्वयुद्ध के भयानक और व्यापक नर-संहार ने समूची मानव जाति को अनिश्चितता के द्वार पर पहुँचाकर उसकी तुच्छता और नगण्यता को उसके सम्मुख प्रत्यक्ष रूप से प्रस्तुत कर दिया। इसके फलस्वरूप व्यक्ति अपने मन की अन्तर्गुफाओं में धँसकर एकान्तिक साधना की ओर प्रवृत्त होने लगा। यह तो बाह्य और घटनागत कारण है। इस व्यक्तिवादिता और सामाजिक निरपेक्षता का दूसरा कारण विज्ञान की उपलब्धियों से जुड़ा है। महान वैज्ञानिक 'आइन्सटाइन' ने बताया कि देश और काल (स्पेस एंड टाइम) अपने आप में कोई स्वतन्त्र भौतिक वस्तु न होकर हमारी चेतना के विकार हैं–उपयोगी विकार हैं। देश (स्पेस) दो भौतिक स्थितियों को नापने का माध्यम मात्र है। और काल (टाइम) दो घटनाओं को नापने का माध्यम है। देश और काल हमारी चेतना के वैसे ही विकार हैं जैसे कि भय, आशा, निराशा, आशंका आदि। जब तक देश और काल की स्वतन्त्र सत्ता थी, तब तक उन्हें जीता जा सकता था। मनुष्य देश और काल का एकछत्र स्वामी बनने का स्वप्न देख सकता था किन्तु जब देश और काल हैं ही नहीं, तब उन्हें विजित करने का प्रश्न ही नहीं उठता।

देश और काल की असीमता के इस बोध ने मनुष्य को अपनी ही आँखों के सामने और नगण्य तथा तुच्छ बना दिया। उस मानव जीवन की क्या महत्ता जो असीम देश (स्पेस) में कुछ भी न होने के बराबर हैं। और मानव-जीवन, विभिन्न जातियों तथा संस्कृतियों की क्या विसात जो निर्बाध काल की सत्ता के सामने ठहर सकें, वे इसके सामने नितान्त नगण्य हैं। व्यक्ति में देश-काल की असीमता से आए तुच्छ-नगण्य-बोध को युद्ध की व्यापक विनाश लीला ने और भी अधिक गहरा दिया। कहने को तो यह वैज्ञानिक उपलब्धियाँ हैं किन्तु इन वैज्ञानिक उपलब्धियों ने व्यक्ति की सुख-सुविधाओं का ध्यान रखने के साथ ही उसकी असहायता व नगण्यता को भी उभारकर सामने रख दिया।

जब देश और काल कुछ है ही नहीं, मानव-जीवन तुच्छ, नगण्य और अरक्षित-अनिश्चित है तो जो कुछ है वही सब कुछ है। जब हम अमर नहीं हो सकते, जब हम समूचे काल को अपने अंक में नहीं समेट सकते तो हमारा प्रत्येक क्षण ही महत्वपूर्ण है। जब हम 'कामायनी' के देवताओं की तरह 'चिर किशोर वय नित्य विलासी' नहीं हो सकते तो हमारा प्रत्येक क्षण ही विविक्त है। हमारा प्रत्येक कार्य, मनोविकार भले ही वह दूसरों की दृष्टि में कितना ही तुच्छ नगण्य हो, हमारे लिए अत्यन्त महत्वपूर्ण है। इसीलिए देश और काल की असीमता के बोध ने एक ओर जहाँ मनुष्य को अपने सामने ही हीन बना दिया, मानव-जीवन को अनिश्चित बना दिया वहीं उसने उसके प्रत्येक क्षण और मनोविकार को, उसकी सामान्य-से-सामान्य अनुभूति को एक अभूतपूर्व महत्व भी प्रदान

कर दिया। आधुनिक मनुष्य के मन की इस द्वन्द्वात्मक गति को समझे बिना नई कविता की समझ विकसित नहीं हो सकती। 'तारसप्तक' की जिस नई भावभूमि और जिस नई शैली की चर्चा हमने ऊपर की है, उसका कारण आधुनिक मनुष्य की यही द्वन्द्वात्मक स्थिति है।

'तारसप्तक' के ऐतिहासिक, सामाजिक व साहित्यिक परिपार्श्व से परिचित होने के बाद अब हम 'तारसप्तक' में संगृहीत मुक्तिबोध की कविताओं के संवेदात्मक धरातल की ओर आते हैं तथा उनकी काव्य-संवेदना पर पड़े विभिन्न प्रभावों की संगति उनकी इन कविताओं के सन्दर्भ में देखने का प्रयास यहाँ करेंगे।

मुक्तिबोध ने 'तारसप्तक' के अपने वक्तव्य में उन प्रभावों और प्रेरणाओं की ओर स्पष्ट संकेत किया है जो उनकी संवेदना को रूप और दिशा देने में सहायक हुई है। मालवा का प्राकृतिक सौन्दर्य, मानव का सुख-दुख, तालस्ताय की लोकमंगल की भावना से प्रभावित जीवन दृष्टि, वर्गसों की स्वतन्त्र क्रियमाण, जीवन-शक्ति (Elan Vital) सम्बन्धी सिद्धान्त तथा मार्क्सवाद ने, जिसे कवि की चेतना आरम्भ में विरोधी शक्ति मानती रही थी, कवि की चेतना को प्रभावित किया। किन्तु इसके साथ-ही-साथ उनको अपनी विकासस्थिति से घोर असन्तोष भी रहा है। जिसके फलस्वरूप उनके व्यक्तित्व में मानसिक द्वन्द्व और गुप्त अशान्ति घर किए रहती है।[1] इसके साथ ही मुक्तिबोध ने स्वीकार किया कि "मेरे बाल-मन की पहली भूख सौन्दर्य और दूसरी विश्वमानव का सुख-दुख–इन दोनों का संघर्ष मेरे साहित्यिक जीवन की पहली उलझन थी।"[2] स्पष्ट है कि 'तारसप्तक' की कविताओं के रचनाकाल में मुक्तिबोध छायावादी संस्कारों से मुक्ति पाने के लिए संघर्ष कर रहे थे तथा साथ ही वे ऐसा धरातल भी चाहते थे जहाँ सामान्य जन, 'मनु के पुत्र' की पीड़ाओं को भी अभिव्यक्ति दी जा सके। परिणामतः उनकी 'तारसप्तक' की कविताओं में हम छायावादी रुझान के साथ-ही-साथ प्रगतिशील चेतना की स्पष्ट अभिव्यक्ति भी पाते हैं। लेकिन यहाँ यह स्पष्ट कर देना भी संगत होगा कि मुक्तिबोध की काव्य-संवेदना पर मिलनेवाला छायावादी रुझान उनके कथ्य में न होकर भाषा की बनावट में है। कथ्य के स्तर पर तो उनकी प्रगतिशील चेतना ही मुखर रूप में कार्य कर रही है।

'तारसप्तक' में संगृहीत मुक्तिबोध की कई कविताओं में छायावादी पदावली, चित्रावली तथा रहस्यवादिता का स्वर मिलता है। उनकी एक कविता है 'मृत्यु और कवि'। इसकी प्रथम चार पंक्तियाँ यहाँ उद्धृत करके उपर्युक्त तथ्य को पुष्ट किया जा सकता है। वे पंक्तियाँ हैं–

घनी रात, बादल रिमझिम हैं, दिशा मूक, निस्तब्ध वनान्तर।
व्यापक अन्धकार में सिकुड़ी सोई नर की बस्ती, भयंकर।।

---

1. द्रष्टव्य, तारसप्तक (सं. अज्ञेय), मुक्तिबोध का वक्तव्य, पृ.–41-43।
2. तारसप्तक (सं अज्ञेय), पृ. 41।

है निस्तब्ध गगन, रोती सी सरिता धार चली घहराती।
जीवन लीला को समाप्त कर मरण-सेज पर है कोई नर।'"[1]

इन पंक्तियों में जिस शब्दावली तथ बिम्बों का प्रयोग मुक्तिबोध ने किया है उनमें से अधिकांश छायावाद के परिचित शब्द और बिम्ब हैं। इसी तरह 'हे महान्' कविता की ये पंक्तियाँ–

हे महान! तव विस्तृत उर से
दृढ़ परिरम्भण की क्षमता दो,
तव स्नेहोष्ण हृदय का स्पन्दन
सुन पाने की आकुलता दो।[2]

–एक रहस्यमयता के आवरण को लिए हुए हैं किन्तु यह रहस्यवादिता छायावाद की, पन्त-महादेवी की रहस्यवादिता न होकर किसी ऐसी शक्ति के प्रति कवि की उत्कंठा से जनित है जो समस्त शक्ति का स्रोत होने के कारण महान है तथा कवि उससे याचना इसलिए कर रहा है कि वह सामान्य जन को अपनी करुणा का दान दे सकने में समर्थ हो सके।

इन दोनों ही कविताओं में हम पाते हैं कि इनकी भाषिक-संरचना पर छायावादी रुझान की स्पष्ट छाया है किन्तु इनका कथ्य निश्चय ही कवि की प्रगतिशील चेतना से जुड़ा हुआ है। मुक्तिबोध 'पूँजीवादी समाज के प्रति' कविता में स्पष्ट लिखते हैं–

तेरी रेशमी वह शब्द संस्कृति अन्ध
देती क्रोध मुझको, खूब जलता क्रोध

× × ×

तुमको देख मितली उमड़ आती शीघ्र

× × ×

मेरी ज्वाल, जन की ज्वाल होकर एक
अपनी उष्णता से धो चलें अविवेक
तू है मरण, तू है रिक्त, तू है व्यर्थ
तेरा ध्वंस केवल एक तेरा अर्थ।[3]

मार्क्सवादी प्रगतिवादिता के अनुरूप ही मुक्तिबोध की आस्था पूँजीवादी समाज में नहीं है क्योंकि यह समाज पूर्णतः असत्य और अन्याय पर आधारित है। कवि इस वर्ग की रेशमी संस्कृति पर क्रोध करता है, उसे देखकर उसे मितली आने लगती है और उसका आक्रोश इसका समूल नाश करने के लिए गा उठता है। इसके लिए वह 'नाश-देवता का आह्वान करता है–

हे रहस्यमय, ध्वंस-महाप्रभु, जो जीवन के तेज सनातन
तेरे अग्निकणों से जीवन, तीक्ष्ण वाण से नूतन सर्जन।

---

1. तारसप्तक (सं अज्ञेय) पृ. 56।
2. वही, पृ. 74।
3. तारसप्तक (सं. अज्ञेय), पृ. 61।

दम धुटने पर, नाश देवता, बैठ तुझे करते हैं वन्दन।
मेरे सिर पर एक पैर रख नाप तीन जग तू असीम बन।[1]

कवि 'नाश-देवता' को वामन अवतार रूप में बुलाकर स्वयं राजा बलि बनकर अपना सर्वस्व दे देना चाहता है क्योंकि उसे लगता है कि नाश-देवता के 'तीक्ष्ण वाणों की नोकों पर जीवन संचार करेगा' तथा सभी उरों के अन्धकार में एक तड़ित वेदना उठेगी' और 'तभी सृजन की ''बीज-वृद्धि हित जड़ावरण की मही फटेगी।''[2] नई सर्जना की ज़मीन तैयार करने के लिए ही कवि 'नाश-देवता' का आह्वान करता है। वस्तुतः इन सभी कविताओं की शब्दावली पुरानी है लेकिन कथ्य के स्तर पर ये कविताएँ सफल प्रगतिशील कविताएँ मानी जा सकती हैं।

समष्टिगत जीवन के प्रति लगाव होने के कारण मुक्तिबोध की काव्य-संवेदना में दो प्रकार की प्रतिक्रियाएँ परिलक्षित होती हैं। एक तो यह कि अभिजात्य-वर्ग या पूँजीवादी समाज की स्वार्थलिप्सा के कारण उनके मन में उसके प्रति घृणा भर गई है और दूसरी ओर जगत् के विषम व्यापारों व अपने कड़े जीवन संघर्ष व विद्रोह की असफलता के कारण उनमें एकाकीपन की भी प्रवृत्ति आ गई है। इसीलिए अपनी 'अन्तर्दर्शन' कविता में मुक्तिबोध लिखते हैं–

मैं अपने में ही जब खोया तो अपने से ही कुछ पाया।
निज का उदासीन विश्लेषण आँखों में आँसू भर लाया।।
मेरा जग में द्रोह हुआ पर मैं अपने से ही विद्रोही।
गहरे असन्तोष की ज्वाला सुलग जलाती है मुझको ही।।

× × ×

मेरा मन गलता निज में जब अपने से ही हार खा चुका।
दारुण क्षोभ-अग्नि में अपना प्रायश्चित-प्रसाद पा चुका।।[3]

जिस ''गहरे असन्तोष की ज्वाला'' की चर्चा मुक्तिबोध ने 'तारसप्तक' में की है वही असन्तोष 'चाँद का मुँह टेढ़ा है' की कविताओं में पूरी तरह उभरकर आया है। अन्तर तो केवल इतना ही कि अब उसमें पूर्ण आत्मविश्वास भी आ गया है और क्षोभ का भाव कम हो गया है।

'तारसप्तक' के कवियों में अकेलेपन का भाव सबसे ज्यादा मुक्तिबोध में ही है। वे अपनी प्रतिकूल परिस्थितियों से निरन्तर संघर्ष कर रहे थे–मनःशक्ति के साथ-ही-साथ उनकी शारीरिक शक्ति भी क्षीण होती जा रही थी। 'तारसप्तक' की 'आत्मसंवाद' कविता में मुक्तिबोध की वस्तुस्थिति इस प्रकार प्रकट हुई है–

प्राण की है बुरी हालत
और जर्जर देह; यह है खरी हालत।[4]

1. तारसप्तक (सं. अज्ञेय), पृ. 62।
2. वही, पृ. 62।
3. वही, पृ. 67।
4. वही, पृ. 69।

लेकिन मुक्तबोध की संवेदना यहीं आकर रुक नहीं जाती है। इसमें हताशा का भाव अवश्य है किन्तु यही अन्तिम नहीं है। उनमें आस्था व समर्पण का भी प्रबल स्वर मिलता है। मुक्तिबोध अपनी आत्मा को सम्बोधित करते, कहते हैं–

आत्मा मेरी–
उस ज्वलन की भूमि में तू स्वयं बिछले
देख, जलते स्पन्दनों में क्या उलझता ही गया है।[1]

'प्रत्येक मनु के पुत्र पर विश्वास करनेवाला व्यक्ति' हताश नहीं हो सकता। मुक्तिबोध के व्यक्तित्व में भी एक ऐसी अदम्यता है जो उन्हें निरन्तर तराशती रहती है तथा उनका मन विपरीत स्थितियों से टकराकर भी टूटता नहीं है और न ही कोई समझौता करता है। उसमें एक दृढ़ संकल्प की आस्था सदैव वर्तमान रहती है। 'मेरे अन्तर' कविता की यह पंक्तियाँ मुक्तिबोध के आस्थावादी स्वर की उत्तम उदाहरण हो सकती है–

पर उसके मन में बैठा वह जो समझौता कर सका नहीं,
जो हार गया, यद्यपि अपने से लड़ते-लड़ते थका नहीं;
उसने ईश्वर संहार किया, पर निज ईश्वर पर स्नेह किया।[2]

इन पंक्तियों के आधार पर डॉ. रामविलास शर्मा मुक्तिबोध को एक संशयग्रस्त ईश्वरवादी मानकर लिखते हैं–"मुक्तिबोध के मन में कहीं यह संस्कार था कि ईश्वर है और इस संस्कार से वह लड़ते थे। 'उसने ईश्वर संहार किया, पर निज ईश्वर पर स्नेह किया', ऐसे वाक्य संशयपीड़ित ईश्वरवादी ही लिखता है।"[3] लगता है यहाँ डॉ. रामविलास शर्मा मुक्तिबोध का आशय समझ नहीं पाए हैं। वस्तुतः ईश्वर की धारणा पर विश्वास व्यक्तिमन की आस्था का ही प्रतिरूप है। अपने से महान किसी अमूर्त सत्ता के प्रति अपने विश्वास को व्यक्ति ने ईश्वर पर विश्वास बताया और ईश्वर के रूप में व्यक्ति की आस्था का एक ऐसा रूढ़ अर्थ निर्मित हो गया जिसे धर्म ने अवतारवाद आदि के जरिए पूर्णतः स्थापित कर दिया। सदियों का इतिहास बताता है कि धर्म और ईश्वर की आड़ में सामान्य जनों पर न जाने कितने अत्याचार किए गए। वस्तुतः मुक्तिबोध इसी ईश्वर का, रूढ़ अन्ध-आस्था के प्रतिरूप ईश्वर का, संहार करने की बात करते हैं। ऐसे अन्धे ईश्वर पर उनका विश्वास नहीं है। वरन् उनका विश्वास व स्नेह 'निज ईश्वर' पर यानि की अपनी उस आस्था पर है जो कि सामान्य जन के प्रति है। ऐसे जन के प्रति 'जिसके उच्च भाल पर विश्वभार' और 'अन्तर में, निःसीम प्यार' है।[4] इसे मुक्तिबोध का मानवतावादी दर्शन भी कहा जा सकता है। पर यहाँ यह जान लेना

1. तारसप्तक (सं. अज्ञेय), पृ. 51।
2. वही, पृ. 55।
3. 'नई कविता : तारसप्तक और उसके बाद' (लेख) डॉ. रामविलास शर्मा, साप्ताहिक हिन्दुस्तान, 25 मई 1969, पृ. 25।
4. तारसप्तक (सं. अज्ञेय), पृ. 55।

आवश्यक है कि मुक्तिबोध केवल इस अर्थ में मानवतावादी नहीं हैं कि 'तारसप्तक' की इन कविताओं में मनुष्य के प्रति करुणा और सहानुभूति का भाव मिलता है वरन् वे मानवतावादी इस अर्थ में हैं कि वे आज के व्यक्ति की असहायता, घुटन, छटपटाहट को उपस्थित करते हुए उसकी मुक्ति का मार्ग खोजने के लिए प्रयत्नशील दिखाई पड़ते हैं। उनके सामने केवल एक ही लक्ष्य होता है कि 'निबल मानव के मुख नव आशा से कैसे ज्योतित हों।'[1] इसके लिए वे अपने अन्तर के कवि को सम्बोधित कर कहते हैं–

सृजनशील जीनव के स्वर में गाओ मरण-गीत तुम सुन्दर।
तुम कवि हो, ये फैल चले मृदु गीत निबल मानव के घर-घर
ज्योतित हों मुख नव आशा से, जीवन की गति जीवन का स्वर।[2]

मुक्तिबोध ऐसे कवि हैं जो सदैव अपनी प्रेरणा के प्रति समर्पित होते हैं। वे 'उनका ही' होना चाहते हैं जिनसे वे अपनी कविता के लिए 'रूप-भाव' ग्रहण करते हैं। 'तारसप्तक' की 'मैं उनका ही होता' कविता ऐसी ही है। कवि 'उनका ही' इसलिए होना चाहता है क्योंकि उनसे उसे 'भाव' मिलते हैं जिन्हें वह अपने शब्दों में व्यक्त कर देता है और इस शब्द-साधना के कारण ही कवि ऊँचा उठता जाता है–

मैं ऊँचा होता चलता हूँ
उनके ओछेपन से गिर-गिर
उनके छिछलेपन से खुद-खुद,
मैं गहरा होता चलता हूँ।[3]

सामान्य जन के प्रति समर्पित मुक्तिबोध की यह निष्ठा ही उन्हें प्रगतिशील जन कवि का दर्जा दिलाती है। इसी निष्ठा के बल पर मुक्तिबोध अपनी 'अशक्त' कविता में छायावादियों की कल्पनात्मकता पर प्रहार कर उसे सतह की चीज़ मानते हुए लिखते हैं–

क्या हमारे भाव शब्दातीत हैं?
या तुम्हारा रूप भावातीत है?
हम न गा सकते तुम्हारा गीत हैं
वह हृदय गम्भीर नीरव सिक्त है!

× × ×

हम लिखें कविता विरह पर, दुख पर
या मधुर आराधना पर, युद्ध पर;

× × ×

खींच लें हम चित्र जीवन में कहे

1. तारसप्तक (सं. अज्ञेय), पृ. 56।
2. तारसप्तक (सं. अज्ञेय), पृ. 56।
3. तारसप्तक (सं. अज्ञेय), पृ. 73।

रम्य मिश्रित रंग-धारा के नवल,
चकित हो लें, उल्लसित हो लें कभी
दुख ढो लें तत्व चिन्ता कर सकल।
किन्तु यह सब तो सतह की चीज है,
भार बन मेरे हृदय पर छा रही।[1]

ओढ़ी हुई पीड़ा, करुणा आदि मुक्तिबोध को सतह की चीजें लगती हैं जो उनके हृदय पर भार ही छोड़ती हैं। कवि इस बनावटी चीजों से मुक्त होना चाहता है। इन निरर्थक भावनाओं के बीच से कुछ सार्थक स्थितियों की खोज कवि करना चाहता है। और इस खोज के लिए मुक्तिबोध के 'सतत अन्वेषी प्राण' तैयार भी हैं–

अर्थ खोजी प्राण ये उद्दाम हैं,
अर्थ क्या? यह प्रश्न जीवन का अमर।
क्या तृषा मेरी बुझेगी इस तरह ?
अर्थ क्या? ललकार मेरी है प्रखर।[2]

नए अर्थ को प्राप्त करने की यह चाह ही मुक्तिबोध की काव्य-संवदेना को निरन्तर प्रवाह देती हुई 'चाँद का मुँह टेढ़ा है' में 'अभिव्यक्ति के खतरे उठाने'[3] तक ले जाती है।

मुक्तिबोध की 'तारसप्तक' में संगृहीत कविताओं में व्यक्ति की नगण्यता व तुच्छता के साथ-ही-साथ क्षण की महत्ता का उद्घोष भी मिलता है। इस अध्याय के आरम्भ में हम देश-काल की असीमता के सम्मुख मानव की नगण्यता व क्षुद्रता के अहसास की बात कर आए हैं। जब मानव को अपनी तुच्छता का व नगण्यता का अहसास हो गया तो उसने क्षण के महत्व को स्वीकार किया। नई कविता में जिस 'लघु-मानव' की बात की जाती है उसके लिए क्षण का महत्व ही सर्वस्व है। मुक्तिबोध की कविता 'मृत्यु और कवि' में इसी क्षण के महत्व का संकेत मिलता है।

क्षणभंगुरता के इस क्षण में जीवन की गति, जीवन का स्वर,
दो सौ वर्ष आयु यदि होती तो क्या अधिक सुखी होता नर?
इसी अमर धारा के आगे बहने के हित यह सब नश्वर,
सृजनशील जीवन के स्वर में गाओ मरण-गीत तुम सुन्दर।[4]

कवि की धारणा है कि जीवन की धारा अमर है और अन्य वस्तुओं की नश्वरता इसी जीवनधारा के प्रवाह को वेगवान बनाने के लिए है। अतः मरण-गीत भी जीवन की सृजनात्मकता का ही एक अंग बनकर आना चाहिए। जीवन की सार्थकता अधिक समय तक जीने में नहीं वरन् सार्थक जीवन जीने में है। पर जीवन का, सार्थकता का

---

1. तारसप्तक (सं. अज्ञेय), पृ. 52।
2. तारसप्तक (सं. अज्ञेय), पृ. 53।
3. 'चाँद का मुँह टेढ़ा है'–मुक्तिबोध, द्वितीय संस्करण, पृ. 299।
4. तारसप्तक (सं. अज्ञेय), पृ. 56।

प्रतिमान क्या है ? वह यह कि व्यक्ति अपने प्रत्येक क्षण को उसकी सम्पूर्णता में जीने का प्रयास करे क्योंकि देशकाल की असीमता के सम्मुख हमारा जीवन क्षणजीवी ही है।

देशकाल के परिप्रेक्ष्य में क्षण की महत्ता के ज्ञान ने व्यक्ति को तुच्छ ही नहीं नगण्य भी सिद्ध कर दिया। मुक्तिबोध ने 'नूतन अहं' कविता में व्यक्ति की इसी नगण्यता और क्षुद्रता को अभिव्यंजित करने की चेष्टा है। छायावादी कवि अपने-अपने 'अहं' का उदात्तीकरण करके उसे बड़ा और महान बनाकर प्रस्तुत करता रहा है किन्तु आज के कवि का यह 'नूतन अहं' कितना तुच्छ और नगण्य है। यह अहं अपूर्ण है। इसकी अपूर्णता के कारण ही आज का व्यक्ति न तो पूरी तरह घृणा कर पाता है न प्रेम, न वह किसी पर अपना रोष ही उतार सकता है और न किसी के प्रति पूर्णतः ग्लानि का भाव ही रख सकता है। यह व्यक्तित्व की अपूर्णता है। इस अपूर्ण व्यक्तित्व में इतने लघु-क्षुद्र स्वार्थ और घुल-मिल गए हैं कि व्यक्ति का अन्तर्मन 'टार रोड के अन्दर नीचे बहनेवाली गटरों से भी अधिक अस्वच्छ'[1] हो गया है। कवि अपने अन्तर्मन की दुर्बलताओं को भी पहचानता है। अहं भाव की तुच्छता व नगण्यता का संकेत देने के लिए कवि 'कुकुरमुत्ता' के प्रतीक को ग्रहण कर लिखता है–

अहं भाव उत्तुंग हुआ है तेरे मन में,
जैसे घूरे पर उट्ठा है
धृष्ट कुकुरमुत्ता उन्मत्त।[2]

यहाँ कवि अहं को उस धृष्ट, ढीठ कुकुरमुत्ते की तरह बताता है जो घूरे पर उत्तुंग उठा हुआ है। कुकुरमुत्ता की प्रकृति है कि वह साफ-सुथरी जगह पर न उगकर गन्दे स्थानों पर ही उगता है। आज के कवि का अन्तर्मन 'टार रोड की गटरों से भी अधिक अस्वच्छ है', अतः उसमें अहं रूपी कुकुरमुत्ता उग आया है। निराला ने भी 'कुकुरमुत्ता' शीर्षक से एक कविता लिखी है जिसमें वे कुकुरमुत्ता के माध्यम से सामाजिक विसंगति को उभारते हैं।

तारसप्तक से आगे : विकास के नए स्तर

'तारसप्तक' की कविताओं के इस विश्लेषण के उपरान्त हम सहज ही इस निष्कर्ष पर पहुँच सकते हैं कि अपनी इन आरम्भिक कविताओं में मुक्तिबोध की काव्य-संवेदना छायावाद की रोमांटिकता, रहस्यवादिता, व्यक्तिवादी कविता की एकान्तिकता व प्रगतिवाद की सामाजिक चेतना के प्रभाव को प्रत्यक्ष-अप्रत्यक्ष रूप में सँजोए हुए है तथा जिनका सम्यक् विकास, अपने पूर्ण कलात्मक सौन्दर्य के साथ, 'चाँद का मुँह टेढ़ा है' में संग्रहित तथा अन्य परवर्ती कविताओं में लक्षित होता है।

हम पिछले पृष्ठों में यह कह आए हैं कि मुक्तिबोध मानवीय-वेदना से परिचालित

1. तारसप्तक (सं. अज्ञेय), पृ. 58।
2. चाँद का मुँह टेढ़ा है, मुक्तिबोध, द्वि. सं., पृ. 81।

ऐसे मानवतावादी कवि हैं जो मानव के सुख-दुख, प्रताड़ना उत्पीड़न, निराशा-टूटन आदि को अपने काव्य में व्यक्त करके ही नहीं रह जाते वरन् वे उनसे मानव की मुक्ति के लिए मार्ग भी खोजते दिखाई पड़ते हैं। यह मुक्तिबोध की काव्य-संवेदना का एक महत्वपूर्ण पहलू है।

मुक्तिबोध समाज के सभी वर्गों की गतिविधियों, भावनाओं तथा आकांक्षाओं का प्रखर विश्लेषण करनेवाले कवि हैं। साधारण-से-साधारण व्यक्ति के आन्तरिक मनोभावों को समझने में मुक्तिबोध का कवि पूर्णतः समर्थ और निष्ठावान हैं। उनकी सहानुभूति सदैव निम्न-से-निम्न वर्ग के व्यक्ति को अपनी बाँहों में समेटती रही तथा खुद भी उनकी बाँहों मे सिमटना उन्हें रुचिकर लगता है क्योंकि वे उन्हें 'अपना' समझती है–

विशाल श्रमशीलता की जीवन्त
मूर्तियों के चेहरों पर
झुलसी हुई आत्मा की अनगिन लकीरें
मुझे जकड़ लेती हैं अपने में, अपना-सा जानकर
बहुत पुरानी किसी निजी पहचान से।[1]

'चाँद का मुँह टेढ़ा है' में संगृहीत मुक्तिबोध की 'मुझे याद आते हैं' कविता 'तारसप्तक' की 'मैं उनका ही होता' कविता का सार्थक विस्तार प्रतीत होती है। 'मैं उनका ही होता' कविता में मुक्तिबोध अपनी प्रेरणा के प्रति विनत हो कहते हैं–

मैं उनका ही होता, जिनसे मैंने रूप भाव पाए हैं।
वे मेरे ही लिए बँधे हैं जो मर्यादाएँ लाए हैं।
मेरे शब्द, भाव उनके हैं,[2]

उनकी काव्य-निष्ठा का स्रोत सामान्य जन की कर्मठता और श्रमशीलता में है। वे सर्वहारा वर्ग में अपने सर्जन की शक्ति ग्रहण करते हैं और उन्हीं की आत्मा का दर्द संघर्ष के लिए प्रेरित करता है। एक गर्भवती नारी को निरन्तर श्रमरत देखकर मुक्तिबोध भी उसी तरह जीवित रहने के लिए सोचने लगते हैं–

आँखों में तैरता है चित्र एक
उर में सँभाले दर्द
गर्भवती नारी का
कि जो पानी भरती है वज़नदार घड़ों से,
कपड़ों को धोती है भाड़-भाड़
घर के काम बाहर के काम सब करती है,
अपनी सारी थकान के बावजूद।
करती है वह इतना काम

---

1. चाँद का मुँह टेढ़ा है, मुक्तिबोध, द्वि. सं., पृ. 81।
2. तारसप्तक, पृ. 73।

क्यों किस आशा पर ?

× × ×

यदि इस श्रमशील नारी की आत्मा
सब अभावों को सहकर
कष्टों को लात मार, निराशाएँ ठुकराकर
किसी ध्रुव लक्ष्य पर
खिंचती-सी जीती है
जीवित रह सकता हूँ मैं भी तो वैसे ही![1]

मुक्तिबोध का यह बिम्ब हमें बरबस निराला की 'वह तोड़ती पत्थर' कविता का स्मरण करा देता है। इसी तरह इन निम्नांकित पंक्तियों को पढ़कर प्रेमचन्द के अनेक पात्रों और ग्रामीण वातावरण के चित्रण की याद सहज ही आ जाती है–

दूर-दूर मुफलिसी के टूटे फूटे घरों में
सुनहले चिराग बल उठते हैं;
आधी-अँधेरी शाम
ललाई में निलाई से नहाकर
पूरी झुक जाती है

× × ×

रास्ते पर आते-आते दीखते हैं।
लठ-धारी बूढ़े-से पटेल बाबा
ऊँचे से किसान दादा
वे दाढ़ी-धारी देहाती मुसलमान चाचा और
बोझा उठाए हुए
माएँ, बहनें, बेटियाँ–
सबको ही सलाम करने की इच्छा होती है,[2]

मानवीय-संवेदना के नए धरातल

श्रमशील मानव समाज का यह चित्रण मुक्तिबोध को सहज ही निराला और प्रेमचन्द की मानवतावादी-धारा की ओर ले जाता है किन्तु यहाँ यह भी स्पष्ट कर देना असंगत न होगा कि जहाँ निराला और प्रेमचन्द मानवतावादी-धारा के महानतम लेखकों में स्वीकार्य हैं वहाँ मुक्तिबोध इस दर्जे तक नहीं पहुँचते हैं। इसका कारण है। यह ठीक है कि मुक्तिबोध की संवेदना इन सामान्य जनों को प्राप्त है तथा मुक्तिबोध यह भी स्वीकार करते हैं कि उन्हें 'भाव' इन्हीं साधारण जनों से मिलते हैं लेकिन फिर भी जन सामान्य

29. चाँद का मुँह टेढ़ा है, मुक्तिबोध, द्वि. सं., पृ. 80।
30. चाँद का मुँह टेढ़ा है, मुक्तिबोध, द्वि. सं., पृ. 81-82।

के प्रति भावना की वह तन्मयता मुक्तिबोध में दुर्लभ है जो प्रेमचन्द की मानवतावादी दृष्टि का प्राण है। प्रेमचन्द जन सामान्य को अपनी संवेदना का दान देकर स्वयं रीते से खड़े रह जाते हैं। वे अपने पास कुछ बचाकर नहीं रखते। उनके पास कोई विकल्प नहीं रह जाता है। लेकिन मुक्तिबोध इतने तटस्थ नहीं दिखाई पड़ते। वे अपने 'निज' को विगलित नहीं कर पाते हैं। उनके 'आत्म' का संघर्ष उन्हें सामान्य न होने देकर विशिष्टता की ओर ले जाता है और यहीं मुक्तिबोध प्रेमचन्द की-सी मानवीयता-संवेदना से अलग पड़ जाते हैं। लेकिन इसका अभिप्राय यह कतई नहीं है कि मुक्तिबोध अपनी मानवीयता में कहीं झूठे हैं। वस्तुतः उनकी बौद्धिक चेतना की प्रबुद्धता उन्हें अनेक स्तरों पर संघर्ष के लिए प्रेरित करती रहती है और मुक्तिबोध जन-सामान्य की ओर से संघर्ष करने के लिए सन्नद्ध दिखाई पड़ते हैं। उन्हें लगता है–

मुझे भ्रम होता है कि प्रत्येक पत्थर में
चमकता हीरा है,
हर एक छाती में आत्मा अधीरा है,
प्रत्येक सुस्मित में विमल सदानीरा है,
मुझे भ्रम होता है कि प्रत्येक वाणी में
महाकाव्य पीड़ा है,
पल-पल मैं सब में गुजरना चाहता हूँ,
प्रत्येक उर में से तिर आना चाहता हूँ।[1]

'प्रत्येक उर में से तिर आने' की कामना करनेवाले मुक्तिबोध का जनसाधारण से लगाव इतना अधिक है कि वे वर्तमान पूँजीवादी व्यवस्था द्वारा उत्पन्न और पालित-पोषित उच्चवर्ग से अपने आपको दूर कर लेते हैं। 'मैं तुम लोगों से दूर हूँ' शीर्षक कविता में मुक्तिबोध स्पष्ट करते हैं–

मैं तुम लोगों से इतना दूर हूँ
तुम्हारी प्रेरणाओं से मेरी प्रेरणा इतनी भिन्न है
कि जो तुम्हारे लिए विष है, मेरे लिए अन्न है।[2]

अन्न जीवन का सर्वाधिक महत्वपूर्ण तत्व है। बिना अन्न के जीवन की कल्पना सम्भव नहीं है। मुक्तिबोध सामान्यजन की वेदना, उत्पीड़ना, घुटन, निराशा को अपने लिए अन्न जैसा मानकर उसे स्वीकारते हैं। शोषण के चक्र में फँसे मानवों की वेदना उन्हें मर्माहत कर जाती है–

शोषण की सभ्यता के नियमों के अनुसार
बनी हुई संस्कृति के तिलिस्मी
सियाह चक्रव्यूहों में

1. चाँद का मुँह टेढ़ा है, मुक्तिबोध, द्वि. सं., पृ. 73।
2. चाँद का मुँह टेढ़ा है, मुक्तिबोध, द्वि. सं., पृ. 108।

फँसे हुए प्राण सब मुझे याद आते हैं,
मर्माहत कातर पुकार सुन पड़ती है।[1]

यह कातर पुकार ही उन्हें तथाकथित सांस्कृतिक-वर्ग की पोल खोलने को विवश करती है। मुक्तिबोध उच्चवर्ग से जुड़े हुए विद्वानों, महापुरुषों, कवियों, आलोचकों आदि की हैसियत आँकने में नहीं चूकते। उन्होंने अपनी प्रसिद्ध कविता 'अँधेरे में' मैं इन लोगों को 'रक्तपायी वर्ग से नाभिनाल-बद्ध' कहा जो 'नपुंसक भोगशिरा-जालों में उलझे हैं और जो बौद्धिक वर्ग है, जिससे यह आशा की जाती है कि वह मानव के सुख-दुख को समझेगा, उसकी स्थिति भी ठीक नहीं क्योंकि वह भी 'क्रीतदास' है।[2]

मुक्तिबोध की एक छोटी कविता 'भूल-गलती' में इसी अवसरवादी, सुविधाभोगी वर्ग को बड़े सशक्त शब्दों में बेनकाब किया गया है। इस रूपकात्मक कविता में 'भूल गलती' तानाशाह की तरह दिल के तख़्त पर बैठी है और उसके सामने ईमान को कैद करके लाया गया है जिसके जिस्म पर बहते खून के दाग़ हैं और कुछ लत्तर हैं। वह बेकसूर है लेकिन पूरे दरबार में किसी में इतना साहस नहीं कि ईमान का पक्ष ले सके। स्थिति यह है कि–

सब खामोश
मनसबदार
शाइर और सूफी
अल ग़ज़ाली, इब्ने सिन्ना, अलबरूनी
आलिमो फ़ाज़िल सिपहसालार, सब सरदार
हैं खामोश!![3]

ये सभी महानुभाव विद्वान हैं, अनुभवी हैं, शक्तिशाली भी हैं किन्तु 'ईमान' के विरुद्ध 'भूल-गलती; के क्रीतदास हैं। 'भूल-गलती' सामाजिक और व्यक्ति की आन्तरिक कुव्यवस्था की प्रतीक है। आज हम सभी ने अपनी-अपनी भूलों को अपने जीवन की नियामक शक्ति बनाकर 'ईमान' को निर्वासित कर दिया है क्योंकि हम सब भी कहीं-न-कहीं अवसरवादी और सुविधाभोगी हो गए हैं क्योंकि आज की यान्त्रिक सभ्यता में सुविधाभोगी व्यक्तित्व ही पनप सकता है। और हम पनपना चाहते हैं।

मुक्तिबोध इस अवसरवादिता को अच्छी तरह पहचानते थे। वे लिखते हैं–''आज शिक्षित मध्यवर्ग में जो भयानक अवसरवाद छाया हुआ है, आत्मस्वातन्त्र्य के नाम पर जो स्व-हित, स्वार्थ, स्व-कल्याण की जो भाग-दौड़ मची हुई है, 'मारो खाओ', 'हाथ मत आओ' का जो सिद्धान्त सक्रिय हो उठा है, उसके कारण, कवियों का ध्यान केवल निज मन पर ही केन्द्रित हो जाता है।''[4] इस विषय में मुक्तिबोध की दृष्टि इतनी वस्तुगत

1. चाँद का मुँह टेढ़ा है, मुक्तिबोध, द्वि. सं., पृ. 79।
2. वही, पृ. 303-304।
3. वही, पृ. 4।
4. नई कविता का आत्म संघर्ष तथा अन्य निबन्ध, मुक्तिबोध, पृ. 35-36।

है कि वे अपनी कविता 'अँधेरे में' में आज के तथाकथित महानुभावों, अनुभव-समृद्ध विद्वानों को शहर के गुंडे, डोमाजी, जनता पर अत्याचार करनेवाली पुलिस और संगीनधारी सैनिकों के साथ खड़ा कर देते हैं। इस कविता में वे इन लोगों को 'भूत-पिशाच-काय' कहते हैं क्योंकि ये सभी लोग राक्षसी स्वार्थ के पुतले हैं।[1]

आधुनिकता के नाम पर अपने को जन-संघर्ष से अलगा लेनेवाले व्यक्तियों की हमारे समाज में कमी नहीं है जो आज के सामाजिक जीवन में व्याप्त भीषण गरीबी, भूख, दमन, अन्याय से अपना दामन छुड़ाकर अपने-अपने दायरों में बद्ध होकर 'स्वांतः सुखाय' की बात करते दृष्टिगत होते हैं। उनकी प्रतिबद्धता किसी के प्रति नहीं होती है। इस सन्दर्भ में यह स्पष्ट कहा जा सकता है कि मुक्तिबोध एक प्रतिबद्ध लेखक हैं और उनकी प्रतिबद्धता श्रमशील मानव के प्रति है। 'एक साहित्यिक की डायरी' में मुक्तिबोध ने लिखा है–"मैं तो सिर्फ मेहनत पर, अकारथ मेहनत पर, उस मेहनत पर जो अपना पेट भी नहीं भर सकती, उस मेहनत पर जो बहुत सज्जन है, उस सहनशील श्रम पर लिखनेवाला हूँ, उस श्रम का चित्रण करना चाहता हूँ, जिसका बदला कभी नहीं मिलता और जिसे आए दिन आत्म-बलिदान और त्याग की नसीहत दी जाती है।"[2] अपनी 'डायरी' में जिस मेहनतकश पर मुक्तिबोध लिखने की आकांक्षा प्रकट करते हैं, उसे निभाते भी हैं। उनकी कथनी और करनी में अन्तर नहीं है। 'रंगों में सुलगी हुई एक सुनहली शनाख्त' कविता की ये पंक्तियाँ उनकी उपर्युक्त आकांक्षा की पूर्ति ही हैं–

लेकिन दिल में एक याद
चिलचिलाती-चिलकती रहती है
उन लोगों की
जिनके चेहरों पर
वीरान खंडहरों की धूप
और घने पेड़ों के साए मँडलाया करते हैं

× × ×

जो बहुत गुरूर से
सिर्फ इन्सान होने की हैसियत रखते हैं

× × ×

अब आप चाहे सरकार हों
या साहूकार हों,
उनके साथ
मेरी पटरी बैठती है
उनके साथ
हाँ उन्हीं के साथ

---

1. द्रष्टव्य–चाँद का मुँह टेढ़ा है–मुक्तिबोध, पृ. 272-273।
2. एक साहित्यिक की डायरी–मुक्तिबोध, पृ. 49।

मेरी यह बिजली-भरी ठठरी लेटती है
और रात कटती है।
शायद यह मेरी बहुत बड़ी भूल है
लेकिन, मेरी यह गरीब दुनिया
उन्हीं के बदनसीब हाथों से चलती है।[1]

मुक्तिबोध की काव्य-संवेदना ड्राइंग-रूम संस्कृति की संवेदना नहीं है। उन्होंने अपने चारों ओर सुविधाओं को सजाकर सामान्यजन की दुख-गाथा और समाज के वैषम्य को अभिव्यक्ति नहीं दी। वस्तुतः उन्होंने 'मनु के पुत्र' से अपने हृदय का नाता जोड़ा और यह नाता इतना प्रगाढ़ था कि आजन्म उनसे नहीं छूटा, मार्मिक इतना था कि उसका छोटे-से-छोटा दुख भी उनके हृदय में कसक पैदा कर जाता है और वे उसकी वेदना को अपने काव्य में मुखर करने के लिए सन्नद्ध हो जाते। मुक्तिबोध ऐसे कवि-चरित्र की आवश्यकता समझते थे जो 'मानवीय वास्तविकता का बौद्धिक और हार्दिक आकलन करते हुए सामान्य जनों के गुणों और उनके संघर्षों से प्रेरणा और प्रकाश ग्रहण करे। उनके संचित जीवन विवेक को स्वयं ग्रहण करें तथा उसे और अधिक निखारकर कलात्मक रूप में उन्हीं की चीज उन्हें लौटा दें।[2] यहाँ यह कहना अत्युक्ति न होगी कि मुक्तिबोध ने सचमुच ही 'उनकी' चीज को 'उन्हें' लौटाया है।

आधुनिक सभ्यता की विसंगति और विद्रूपताओं से भी मुक्तिबोध परिचित थे। 'चाँद का मुँह टेढ़ा है' की कई कविताओं में मुक्तिबोध ने इस छद्म आधुनिकीकरण पर भरपूर व्यंग्य किया है। उनके प्रथम कविता-संकलन का नामकरण ही ऐसा है जो पारम्परिक सौन्दर्यबोध को झकझोर कर रख देता है। 'चाँद का मुँह टेढ़ा है' शीर्षक कविता में चाँद और चाँदनी का जिक्र अनेक बार आया है तथा जिसके माध्यम से कविता के मूल कथ्य को उभारा गया है। लेकिन यह चाँद और चाँदनी, रोमांटिक भावों को उद्दीप्त करनेवाली नहीं है वरन् इसके द्वारा कवि ने ऐसे 'सख़्त ज़माने' का चित्रण किया है जिसमें 'करफ्यू' लगा है, पोस्टरबाजी है, सन्नाटा है, 'भुसभुसे उजाले में फुस-फुसाते षड्यन्त्र' हैं। यह चाँदनी गौरवर्ण मुग्धा-नायिका-सी न होकर 'शोहदे आवारा मछुओं' सी है। यह चाँदनी कैसी है, मुक्तिबोध के शब्दों में देखिए–

टेढ़े मुँह चाँद की ऐयारी रोशनी
भीमाकार पुलों के
ठीक नीचे बैठकर,
चोरों-सी उचक्कों-सी
नालों और झरनों के तटों पर
किनारे-किनारे चल
पानी पर झुके हुए

1. ज्ञानोदय (श्रेष्ठ-संचयन-अंक), दिसम्बर-जनवरी 1969-70, पृ. 63।
2. नई कविता का आत्मसंघर्ष तथा अन्य निबन्ध-मुक्तिबोध, पृ. 21।

पेड़ों के नीचे बैठ
रात-बे-रात वह
मछलियाँ फँसाती है
आवारा मछुओं-सी शोहदों-सी चाँदनी।[1]

लेकिन बात यहीं आकर समाप्त नहीं हो जाती है। यह 'मसखरी चाँदनी' कुछ और भी है–

खूबसूरत अमरीकी मैग़ज़ीन-पृष्ठों-सी
खुली थी,
नंगी-सी नारियों के
उधरे हुए अंगों के
विभिन्न पोज़ों में
लेटी थी चाँदनी।[2]

इस कविता में मुक्तिबोध ने विभिन्न प्रतीकों और बिम्बों के माध्यम से उस तथाकथित सांस्कृतिक वर्ग का कच्चा-चिट्ठा खोलने का प्रयास किया है जिसकी वृत्तियाँ व चेहरा विकृत है। मुक्तिबोध की एक अन्य कविता 'डूबता चाँद कब डूबेगा' में भी उपर्युक्त कविता के मूल भाव को ही और अधिक पुष्ट बनाने का प्रयास किया गया है। मनोविकारों से युक्त मानव का परिचय इस कविता में दिया गया है जिसकी आत्मा में से कुछ दानव निकल आए हैं और जो 'विद्रूप सभ्यताओं के लोभी 'संचालक' हैं।[3]

राष्ट्रीय-अन्तर्राष्ट्रीय स्तर पर होनेवाले शोषण-भ्रष्टाचार को मुक्तिबोध ने अपनी एक कविता 'बारह बजे रात के'[4] में मुखरित किया है जिसमें 'चाँद' की भी एक महत्वपूर्ण भूमिका है। इस कविता में 'चाँद आसमानी तख्त पर सुलतान बनकर' बैठा हुआ है उसी तरह जैसे 'भूल-गलती' कविता[5] में दिल के तख्त पर 'भूल-गलती' बैठी हुई है।

आसमानी तख़्त पर सुलतान
चाँद वह
दमकते लालटेनी रंग के गाल लिए
सोने की गिन्नी-से चेहरे का
आकाशी तानाशाह
धरती पर नजर डाल
सोचता, समझता-सा

---

1. चाँद का मुँह टेढ़ा है–मुक्तिबोध, पृ. 39।
2. वही पृ. 37।
3. वही, पृ. 48।
4. कविताएँ–1965 (कविता संकलन) सम्पादक-अतिजकुमार-विश्वनाथ त्रिपाठी, पृ. 120।
5. चाँद का मुँह टेढ़ा है–मुक्तिबोध, पृ. 3।

मुसकाता देखता–

× × ×

यूरोपीय सभ्यता के भवनों का भव्य ठाठ[1]

यहाँ 'चाँद' अंग्रेज साम्राज्यवादियों का प्रतीक बनकर आया है जो पृथ्वी पर (या भारत पर) बढ़ते हुए अपने साम्राज्य को देखकर मुस्कुरा रहा है। उसकी यह मुस्कुराहट केवल इसीलिए नहीं है कि यूरोपीय सभ्यता के से भवनों का निर्माण हो रहा है बल्कि उसका कारण यह भी है कि यहाँ पाश्चात्य-संस्कृति की-सी रंग-रेलियाँ भी मनाई जा रही हैं–

सफेद गुलाबों से भरी हुई क्यारियों सी
महकती नारियों का चमकता उल्लास

× × ×

खूबसूरत दमकते रेस्तुराँ में
कैप्टन के गरबीले
बैजों से, बटनों से खेलते हैं सुकुमार
रंगे हुए नाखून।
पेंटों के बटन चमकते-से लगते हैं
कामुक प्रकाश में।[2]

मुक्तिबोध का प्रिय प्रतीक 'घुग्घु' इस कविता में भी है। वह सब कुछ जानता है अतः बताता है कि–

भवन के सातवें तल्ले पर कुछ लोग,
दुनिया की आत्मा की चीर-फाड़
करने के बाद ही
टेबल पर बहती हुई लोहू की धार में
उँगलियाँ डुबोकर
खून की लकीरों से
देश-विदेशों की नई-नई
खूनी लाल-खूनी लाल
सरहदें-सीमाएँ बनाते ही जाते हैं

× × ×

उन्हीं के मकानों के पिछबाड़े बनते हैं
दुनिया को जोतने के
नक्शों के ख्वाब सब।[3]

साम्राज्यवादी व्यवसायी लोगों की मानव-विरोधी प्रवृत्तियों को इस कविता में मुक्तिबोध

---

1. कविताएँ–1965 (कविता-संकलन) सं. अजितकुमार-विश्वनाथ त्रिपाठी। पृ. 122।
2. वही, पृ. 123-124।
3. वही, पृ. 123-124।

ने बड़े स्पष्ट रूप में उभारा है।

शहरी-सभ्यता के खोखलेपन को भी मुक्तिबोध पहचानते थे तथा उनकी आस्था ग्रामीण व्यवस्था के आत्मीय परिवेश में थी। 'मुझे याद आते हैं' कविता में मुक्तिबोध नगर और ग्राम दोनों को प्रस्तुत करते हुए ग्रामीण सहज-जीवन को अपनी सहानुभूति देते हैं। उन्हें लगता है–

कि समस्त स्वर्गीय चमचमाते आभालोकवाले
इस नगर का निजत्व जादुई
कि रंगीन मायाओं का प्रदीप्त पुँज यह
नगर है अयथार्थ[1]

यह नगर अयथार्थ इसलिए है क्योंकि इसमें बसनेवाले लोग और सभ्यता बनावटी है। उसमें हृदय का सहज उल्लास नहीं है। सर्वत्र एक आडम्बर है, एक आवरण है वास्तविकता को छिपाने का। लेकिन–

पावडर में सफेद अथवा गुलाबी
छिपे बड़े-बड़े चेचक के दाग़ मुझे दीखते हैं
सभ्यता के चेहरे पर।
संस्कृति के सुवासित आधुनिकतम वस्त्रों के
अन्दर का वासी वह
नग्न अति बर्बर देह
सूखा हुआ रोगीला पंजर मुझे दीखता है[2]

ऐसे कृत्रिम और 'रोगीलेपंजर' वाली नगरीय-सभ्यता से मुक्तिबोध का कवि-मन सम्बन्ध स्थापित नहीं कर सकता। उसे आडम्बर पसन्द नहीं है। वह नैसर्गिक वातावरण और आत्मीय परिवेश चाहता है। और यह सब नगरों में नहीं है। कवि को 'थूहरों' के झुरमुटों-से लसी हुई राह ही पसन्द है और 'मिट्टी की सुगन्ध उसके हिए में समाती है।'[3]

इसी तरह के भाव उनकी 'मेरे लोग' कविता में भी लक्षित होते हैं। कवि 'नाले पार की गन्दी बस्तियों से आई बुलावे की पुकार' सुनकर वहाँ जाना चाहता है। 'दलिदूदर के भयानक देवता के भव्य चेहरे' को देख उसमें ग्लानि का भाव आ जाता है–

मुझको है भयानक ग्लानि
    निज के श्वेत वस्त्रों पर
स्वयं की शील-शिक्षा सत्य-दीक्षा के
    विरोधी अस्त्र-शस्त्रों पर
किनारों के सुसंस्कृत सौम्य चेहरों पर
    उचटता मन

---

1. चाँद का मुँह टेढ़ा है–मुक्तिबोध, पृ. 78।
2. वही, पृ. 79।
3. वही, पृ. 82।

उतारूँ आवरण–

यह साफ गहरा दूधिया कुरता

व चूने की सफेदी में चिलकते-से सभी कपड़े निकालूँगा।[1]

मुक्तिबोध का संवेदनशील-मन मात्र ग्लानि में डूबकर ही नहीं रह जाता है वरन् वह सोचता है कि–

मेरे सभ्य नगरों और ग्रामों में

सभी मानव

सुखी सुन्दर व शोषण-मुक्त

कब होंगे?[2]

'सुबह होगी कब और मुश्किल होगी दूर कब'[3] सोचनेवाले मुक्तिबोध एक ऐसा कवि है जो मानव के भविष्य के प्रति चिन्तित होकर उसके सर्वगामी विकास की दिशा खोजने का प्रयास करता है। मानवीय नीति को लेकर एक मर्मभेदी तनाव उनकी कविताओं में आद्यन्त मिलता है। अशोक वाजपेयी के अनुसार 'मुक्तिबोध मनुष्य की सम्पूर्ण हालत के कवि थे। उन्होंने मानवीय अन्तःकरण को पक्षाघात-ग्रस्त देखा, पर यह नहीं माना कि वह मर चुका है। बल्कि पूरी गहराई के साथ उन्होंने उम्मीद की और विश्वास किया कि वह होश में लाया जा सकता है और उसका पुनर्वास किया जा सकता है।'[4] 'एक भूतपूर्व विद्रोही का आत्मकथन' कविता में हम मुक्तिबोध को इसी धरातल पर पाते हैं। इस कविता में मुक्तिबोध जिस पुराने मकान के ढहने की बात करते हैं वह मकान मनुष्य की अब तक की सारी सांस्कृतिक उपलब्धियों, परम्परागत आदर्शों, आस्था व विश्वासों का ढहा मकान है जो आधुनिक सन्दर्भ में प्रासंगिक नहीं रहा। अतः उसके मलबे में दबना नहीं है वरन् उससे उबरना है। यह उबरना इसलिए भी आवश्यक है क्योंकि 'खंडहर में दबी धुकधुकियों' पर एक नई संस्कृति के निर्माण का दायित्व भी है–

पीड़ा भरा उत्तरदायित्व-भार हो चला,

कोशिश करो,

कोशिश करो,

जीने की

ज़मीन में गड़कर भी।[5]

ज़मीन में गड़े होकर भी जीने की कोशिश कवि-मन की अदम्यता और आस्था की द्योतक है। इसके साथ ही कवि की संवेदना आगत के लिए समर्पित भी है क्योंकि उसे लगता है–

---

1. तारसप्तक, मुक्तिबोध का वक्तव्य, पृ. 93।
2. वही, पृ. 162।
3. चाँद का मुँह टेढ़ा है–मुक्तिबोध, पृ. 46।
4. फिलहाल, अशोक वाजपेयी, पृ. 119।
5. चाँद का मुँह टेढ़ा है–मुक्तिबोध, पृ. 64-65।

आत्म-विस्तार यह
बेकार नहीं जाएगा।
ज़मीन में गड़े हुए देहों की खाक से
शरीर की मिट्टी से, धूल से।
खिलेंगे गुलाबी फूल।
सही है कि हम पहचाने नहीं जाएँगे।
दुनिया में नाम कमाने के लिए
कभी कोई फूल नहीं खिलता है
हृदयानुभव-राग-अरुण
गुलाबी फूल, प्रकृति के गन्ध-कोष
काश, हम बन सकें।[1]

भविष्य के प्रति आस्थावान तथा समर्पित यह कवि अपनी पुस्तक 'नई कविता का आत्मसंघर्ष तथा अन्य निबन्ध' में आज के कवियों को सम्बोधित करते हुए कहता है कि उसे ''वास्तविक जीवन में अपनी कायरता, साहसहीनता, अकर्मण्यता, त्यागकर समाज में फैले अवसरवाद से मोर्चा लेते हुए मानवीय समस्याओं से दुखाभिभूत और करुणापन्न होकर उसे वास्तविक मानवीय जीवन के मूल्यों और आदर्शों के मार्ग पर चलना ही होगा। हो सकता है कि इस स्थिति में वह मर जाए और उसके नाम से रोनेवाला भी कोई न हो। लेकिन कुछ लोगों को इस तरह ज़मीन में गड़ना होगा ही। इस तैयारी के साथ, इस दम के साथ, यदि हमारा नया कवि मूल्य-व्यवस्था विकसित करते हुए मानव-समस्या चित्रित करता है तो निस्सन्देह वह युग-परिवर्तन करने का श्रेय भागी होगा–भले ही उसे श्रेय मिले या न मिले।''[2]

मुक्तिबोध जानते थे कि 'लक्ष्यों के प्रति दुर्दान्त स्नेह की आस्तिकता के बिना वास्तविक अस्मिता का विकास नहीं हो सकता।'[3] वे कहते हैं–

सत्य को अनुभूत करना सहज है
मुश्किल बहुत
उसके कठिन निष्कर्ष-मार्गों पर चलना।[4]

यह कठिन इसलिए है क्योंकि–

यह मान्य ड्राइंग रूप संस्कृति से तुम्हें हटवाएगी
वह कान पकड़ेगी, उठाकर फेंक देगी
अजनबी मैदान में
घर-बार सब छुड़वाएगी।

---

1. चाँद का मुँह टेढ़ा है–मुक्तिबोध, पृ. 67।
2. नई कविता का आत्मसंघर्ष तथा अन्य निबन्ध–मुक्तिबोध, पृ. 37।
3. नई कविता का आत्मसंघर्ष तथा अन्य निबन्ध–मुक्तिबोध, पृ. 29।
4. 'गुँथे तुमसे, बिन्धे तुमसे'–मुक्तिबोध, ज्ञानोदय, जून 1968।

अतः आदेश उसके मान यदि तुम निकल जाओ
वह जहाँ भी जाए
वह जहाँ ले जाए
तो तुम पाओगे अभिप्रेत
संकट-कष्ट की चट्टान के भीतर फँसा हीरा

× × ×

किन्तु यदि माना नहीं आदेश
स्वयं निष्कर्ष तुम्हें रगड़ देंगे
नष्ट कर देंगे।[1]

मुक्तिबोध की इन कविताओं से उनका जो कवि-व्यक्तित्व उभरता है उसमें हम चाकू-सी धारदार प्रखर ईमानदारी पाते हैं। कहीं कोई लाग-लपेट नहीं। खरे शब्दों में खरी बात कहने की शक्ति मुक्तिबोध में अप्रतिम है। उनकी कविताओं में कहीं भी ऐसा नहीं लगता कि कवि उधार की वेदना से प्रेरित होकर कविता लिख रहा है। जो कुछ भी है वह स्वतः अनुभूत है। वैयक्तिक अनुभवों की प्रामाणिकता ही उनकी काव्य-संवेदना को प्रखर बनाती है। लेकिन उनके अनुभव की वैयक्तिकता एकान्त-ग्रस्त न होकर इतनी व्यापक औरा बृहद्-आयामी है कि वह सबके अनुभव-क्षेत्र की विषय बन जाती है।

अपनी अधिकांश कविताओं में मुक्तिबोध आत्मशोध करते पाए जाते हैं। वस्तुतः प्रकृति से मुक्तिबोध आत्मान्वेषी कवि हैं और इस आत्मान्वेषण की प्रक्रिया की स्पष्ट अभिव्यक्ति हमें 'चाँद का मुँह टेढ़ा है' की अनेक कविताओं, यथा–'दिमागी गुहान्धकार का औरांग-उटाँग', 'ब्रह्म-राक्षस', 'लकड़ी का बना रावण', 'एक अन्तर्कथा', 'अँधेरे में' आदि में मिलती है। अतः इन कविताओं पर संक्षेप में विचार करना असंगत न होगा।

'दिमागी गुहान्धकार का औरांग-उटाँग कविता में मुक्तिबोध अपने अवचेतन की अँधकारमयी आवर्तों में छिपे उस पाशविक जानवर से परिचित होते हैं जो 'नग्न और विद्रूप असत्य शक्ति का प्रतिरूप' है। अवचेतन में छिपा यह 'प्राकृत औरांग-उटाँग' व्यक्ति से जाने अनजाने ऐसा बहुत कुछ करवाता रहता है जो कि उचित नहीं कहा जा सकता। मुक्तिबोध भी अपने अवचेतन में छिपे 'औरांग-उटाँग' को जानते हैं और उसे प्रकट न होने देने का प्रयत्न करते हैं–

अरे! डर यह है–
न औरांग-उटाँग कहीं छूट जाए,
कहीं प्रत्यक्ष न यक्ष हो।[2]

अपने अवचेतन में छिपे इस यक्ष या औरांग-उटाँग से परिचित होने के साथ-ही-साथ मुक्तिबोध यह भी जानते हैं कि यह औरांग-उटाँग केवल उन्हीं के मन में नहीं है वरन्

1. 'गुँथे तुमसे, बिन्धे तुमसे'–मुक्तिबोध, ज्ञानोदय, जून 1968।
2. चाँद का मुँह टेढ़ा है–मुक्तिबोध, पृ. 18।

संस्कृत-प्रभामय अध्ययन-गृहों में बहस करनेवाले विवाद-ग्रस्त लोगों में भी यह 'औरांग-उटाँग' छिपा हुआ है। और तब वे सोचते हैं कि व्यक्ति के अन्तर में छिपी इस पाशविकता का शिकार होनेवाला अभागा कौन है–

और मेरी आँखें उन बहस करनेवालों के
कपड़ों में छिपी हुई
सघन रहस्यमय लम्बी पूँछ देखती हैं!!
और मैं सोचता हूँ...
कैसे सत्य हैं...
ढाँक रखना चाहते हैं बड़े-बड़े
नाखून!!
किसके लिए हैं ये बाघनख!!
कौन अभागा वह!![1]

कविता का अन्त किसी अभागे की चिन्ता के साथ होता है। अर्थात् मुक्तिबोध का आत्मान्वेषी मन जानता है कि जब तक व्यक्ति के मन में स्वार्थ का 'औरांग-उटाँग' छिपा है तब तक 'वह' अभागा और अभिशप्त रहेगा। क्योंकि उसका स्वार्थ उसे 'बाघनखों' का प्रयोग करने के लिए प्रेरित करता रहेगा।

स्वार्थ-साधना और अहंग्रस्तता का एक पक्ष निज-बद्धता भी होता है। अहं की पराकाष्ठा पर पहुँच व्यक्ति अपने निजी संसार से इतना महान्, इतना विराट् हो जाता है कि वह अपने को असीम, सर्वशक्तिमान समझने लगता है। 'लकड़ी का बना रावण' कविता में हम मुक्तिबोध को ऐसे ही अहंग्रस्त व्यक्तित्व की खोखली, निस्सार महानता का विश्लेषण करते पाते हैं। इस कविता का काव्य नायक महसूस करता है कि–

मैं ही वह विराट् पुरुष हूँ
सर्व-तन्त्र, स्वतन्त्र, सत्-चित्,
मेरे इन अनाकार कन्धों पर विराजमान
खड़ा है सुनील
शून्य
रवि-चन्द्र तारा-द्युति मंडलों के परे तक।[2]

इस कविता का 'मैं' पूँजीवादी-संस्कृति का प्रतिनिधि भी है जो ह्रासोन्मुखी है। निरन्तर पतन की ओर जानेवाली इस संस्कृति के प्रतिनिधि आतंकित हैं–

आतंकित हम सब
अभी तक
समुत्तुंग शिखरों पर रहकर

1. चाँद का मुँह टेढ़ा है–मुक्तिबोध, पृ. 21।
2. चाँद का मुँह टेढ़ा है–मुक्तिबोध, पृ. 22-23।

सुरक्षित हम थे
जीवन कि प्रकाशित कीर्ति के क्रम थे। [1]

लेकिन अब स्थिति बदल गई है। कविता का नायक 'मैं' भयाक्रान्त है क्योंकि उसे लग रहा है कि उसकी 'अद्वितीय स्वर्णाभ सत्ता' को; 'जनतन्त्री वानर' धराशायी न कर दें–

बढ़ न जाएँ
छा न जाएँ
मेरी इस अद्वितीय
सत्ता के शिखरों पर स्वर्णाभ
हमला न कर बैठें खतरनाक
कुहरे के ये जनतन्त्री
वानर ये, नर ये!! [2]

पूँजीवाद सभ्यता का प्रतिनिधि 'मैं' इन जनतन्त्री वानरों को नष्ट करने का आदेश देता है लेकिन स्थिति पूर्णतः बदल चुकी है। उसकी सत्ता अप्रभावशाली हो गई है। इसीलिए अन्त में वह अपने को असहाय पाता है और अपनी स्थिति उसे 'बाँस व कागज के पुट्ठे के बने हुए रावण' जैसी लगती है जो महाकाय तो है किन्तु 'उग्रतर हो रहे चेहरों' की भीड़ में असहाय और अकेला खड़ा है तथा किसी भी क्षण गिर सकता है, समाप्त हो सकता है–

स्वयं को ही लगता हूँ–
बाँस व कागज के पुट्ठे के बने हुए
महाकाय रावण-सा हास्यप्रद
भयंकर!!
× × ×
हाय, हाय,
उग्रतर हो रहा चेहरों का समुदाय
और कि भाग नहीं पाता मैं
हिल नहीं पाता हूँ
मैं मन्त्र-कीलित-सा, भूमि में गड़ा-सा,
जड़ खड़ा हूँ
अब गिरा, तब गिरा
इसी पल कि उस पल [3]

रावण की यह विडम्बना थी वह परम विद्वान, योद्धा, राजनीति-कुशल व सत्तावान

1. चाँद का मुँह टेढ़ा है–मुक्तिबोध, वही, पृ. 24।
2. वही, पृ. 25-26।
3. वही पृ. 27।

होते हुए भी असभ्य, जंगली वानरों, लंगूरों आदि की सेना से युद्ध करते हुए परास्त हुआ। इसी तरह पूँजीवाद के सिद्धान्तों से निर्मित इस संस्कृति का विनाश 'जनतन्त्री वानरों' के हाथों होने जा रहा है जो 'डार्क मासेज', 'मॉब' हैं।

मुक्तिबोध : अतीत व भविष्य के सेतु

'ब्रह्मराक्षस' मुक्तिबोध की एक अन्य प्रसिद्ध कविता है। इस कविता में मुक्तिबोध ने व्यंजित किया है कि अतीत के संचित ज्ञान-कोष, अनुभव और विद्वत्ता की सार्थकता इस बात में है कि वह नई पीढ़ी या कि भविष्य के प्रति समर्पित हो जाए। ऐसा न होने पर अतीत का ज्ञान कोष निस्सार है और वह प्रेतयोनि में पड़े हुए ज्ञानी ब्राह्मण की तरह भटकता रहता है। उसकी मुक्ति नहीं हो पाती। उसकी मुक्ति यदि हो सकती है तो केवल इस तरह कि उसे कोई योग्य शिष्य मिल जाए जो उसके संचित ज्ञानकोष को सँभाल ले। उसके ज्ञान की अभिव्यक्ति ही उसकी मुक्ति है।

कविता के अतिरिक्त मुक्तिबोध की एक कहानी है 'ब्रह्मराक्षस का शिष्य'। इस कहानी का ब्रह्मराक्षस अपने शिष्य से कहता है–'शिष्य! स्पष्ट कर दूँ कि मैं ब्रह्मराक्षस हूँ; किन्तु फिर भी तुम्हारा गुरू हूँ। मुझे तुम्हारा स्नेह चाहिए। अपने मानव जीवन में मैंने विश्व की समस्त विद्या को मथ डाला; किन्तु दुर्भाग्य से कोई योग्य शिष्य न मिल पाया कि जिसे मैं समस्त ज्ञान दे पाता। इसीलिए मेरी आत्मा इस संसार में अटकी रह गई और मैं ब्रह्मराक्षस के रूप में यहाँ विराजमान रहा।''[1]

कविता का 'ब्रह्मराक्षस' भी ज्ञानी है तथा उसने अब तक के प्राप्त ज्ञान का गहन अध्ययन-विश्लेषण किया है। उन्हें नई व्याख्या दी है–

सुमेरी-बेबिलोनी जन-कथाओं से
मधुर वैदिक ऋचाओं तक
व तब से आज तक के सूत्र
छन्दस, मन्त्र, थियोरम,
सब प्रमेयों तक
कि मार्क्स, एंजेल्स, रसेल, टाएन्बी,
कि हीडेगर व स्पेंग्लर, सार्त्र, गांधी भी
सभी के सिद्ध-अन्तों का
नया व्याख्यान करता वह[2]

लेकिन कविता के इस 'ब्रह्मराक्षस' को कोई योग्य शिष्य नहीं मिल सका और वह 'मरे पक्षी-सा विदा ही हो गया।' इस कविता के काव्य-नायक 'मैं' को इस बात का अफसोस है कि वह उस ज्ञानी से पहले क्यों नहीं मिल पाया क्योंकि उसे लगता है कि–

1. काठ का सपना–मुक्तिबोध, पृ. 64।
2. चाँद का मुँह टेढ़ा है–मुक्तिबोध, पृ. 13।

मेरा उसी से उन दिनों होता मिलन यदि
तो व्यथा उसकी स्वयं जी कर
बताता मैं उसे उसका स्वयं का मूल्य
उसकी महत्ता!

व उस महत्ता का
हम सरीखों के लिए उपयोग
उस आन्तरिकता का बताता मैं महत्व!![1]

लेकिन ऐसा हो नहीं सका और 'वह ज्योति अनजानी सदा को सो गई'। कहानी के 'ब्रह्मराक्षस' से कविता के 'ब्रह्मराक्षस' की विडम्बना अधिक मार्मिक है। कहानी के 'ब्रह्मराक्षस' को एक योग्य शिष्य मिल गया और वह मुक्ति को प्राप्त हो गया था। वह अपना उत्तरदायित्व अपने शिष्य पर डालकर विदा हुआ था। कहानी का ब्रह्मराक्षस अपने शिष्य से कहता है–''तुमने मेरा ज्ञान प्राप्त कर मेरी आत्मा को मुक्ति दिला दी। ज्ञान का लाया हुआ उत्तरदायित्व मैंने पूरा किया। अब मेरा यह उत्तरदायित्व तुम पर आ गया है। जब तक मेरा दिया हुआ उत्तरदायित्व तुम किसी और को न दोगे तुम्हारी मुक्ति नहीं।''[2] कविता के ब्रह्मराक्षस को कोई योग्य शिष्य नहीं मिला इसीलिए उसकी 'ट्रेजिडी' को नीच कहा गया है। कविता का काव्य-नायक 'मैं' उस ब्रह्मराक्षस को मुक्ति दिलवाने के लिए स्वयं उसका शिष्य बनने की कामना प्रकट करता है–

मैं ब्रह्मराक्षस का सजल-उर-शिष्य
होना चाहता
जिससे कि उसका वह अधूरा कार्य
उसकी वेदना का स्रोत
संगत, पूर्ण निष्कर्मों तलक
पहुँचा सकूँ।[3]

अभिशप्त ब्रह्मराक्षस का सहृदय शिष्य बनने की कामना करनेवाले मुक्तिबोध की ट्रेजिडी और 'ब्रह्मराक्षस' की ट्रेजिडी में अद्‌भुत समानता है। कविता के इस 'ब्रह्मराक्षस' सा ही अभिशप्त, प्रताड़ित और निर्वासित जीवन मुक्तिबोध ने जिया था। ''सच्चाई यह है कि मुक्तिबोध स्वयं ही 'ब्रह्मराक्षस' थे और स्वयं ही ब्रह्मराक्षस का शिष्य भी।''[4] वे स्वयं ज्ञान का अर्जन करना चाहते थे और उसका समर्पण भी।

कुबेरनाथ राय ने 'ब्रह्मराक्षस' कविता पर एक विस्तृत लेख लिखा है–'ब्रह्मराक्षस' : अर्थबीज और विस्तार।' इस लेख में कविता का विश्लेषण करते हुए वे जिन

---

1. चाँद का मुँह टेढ़ा है–मुक्तिबोध, वही, पृ. 16।
2. काठ का सपना–मुक्तिबोध, पृ. 94।
3. चाँद का मुँह टेढ़ा है–मुक्तिबोध, पृ. 17।
4. काठ का सपना (भूमिका-श्रीकान्त वर्मा)–मुक्तिबोध, पृ. 7।

निष्कर्षों तक पहुँचते हैं वे कुछ यह है कि–''ब्रह्मराक्षस अतीत की बौद्धिक चेतना है, ब्रह्मराक्षस मुक्तिबोध का भोक्ता 'स्व' है जो अचेतन के या अवचेतन के 'केऑस' में कैद है और उसकी मुक्ति से उसी की बलि-प्रक्रिया के मध्य उसके 'सजलउर' सर्जक 'स्व' का जन्म होता है।'' ××× 'ब्रह्मराक्षस मानवीय इतिहास की एक दुर्दमनीय प्रवृत्ति 'अन्वीक्षा' का प्रतीकीकरण है।' ××× बाबड़ी, और कुछ नहीं निरन्तर वर्तमान 'समूह-मन' या 'इतिहास-मन' ही है। ××× इस बाबड़ी या 'इतिहास-मन' में ब्रह्मराक्षस या 'दमित अन्वीक्षा' अपने को संशोधित करती रहती है–फिर भी मैल रह ही जाती है।[1]

समग्र रूप से कहा जा सकता है कि 'ब्रह्मराक्षस' कविता में मुक्तिबोध अतीत की बौद्धिक चेतना को वर्तमान के प्रति समर्पित देखना चाहते हैं और इसी में उसकी सार्थकता मानते हैं। इसके लिए वे स्वयं अपने को प्रस्तुत करते हैं। **मुक्तिबोध अतीत और भविष्य के बीच की सार्थक कड़ी बनना चाहते हैं** क्योंकि वे यह जानते थे कि व्यक्तिवादिता का प्रखर आग्रह इतिहास की उपलब्धियों को तिरस्कृत करता है और इस प्रकार से वर्तमान को अतीत की परम्परा से छिन्न-भिन्न करके देखा जाता है। अतीत से विच्छिन्न होकर वर्तमान सार्थक भविष्य को प्राप्त नहीं हो सकता। क्योंकि हम किसी भी वर्तमान क्षण के महत्व को तभी जान सकते हैं जब हम ऐतिहासिक क्रम में उस क्षण की स्थिति को रेखांकित कर सकने में समर्थ हों। 'ब्रह्मराक्षस' कविता के सन्दर्भ में ओमप्रकाश ग्रेवाल की ये पंक्तियाँ द्रष्टव्य हैं–'ब्रह्मराक्षस' में एक अहंग्रस्त व्यक्तित्व की आन्तरिक अव्यवस्था का ही चित्रण नहीं मिलता, वरन् परित्यक्त सूनी बावड़ी के भीतरी ठंडे अँधेरे में बसी जल की गहराइयों तथा उसमें डूबी सीढ़ियों के माध्यम से भारतीय संस्कृति के एक विशिष्ट पक्ष के अन्तिम रूप की ओर भी ध्यान आकृष्ट किया जाता है। जिस प्रकार बावड़ी के 'पुराने घिरे पानी' में अन्दर-ही-अन्दर अजीब कुलबुलाहट होती है वैसे ही अतीत की एक विशिष्ट जड़ हुई सांस्कृतिक परम्परा भी आज के सामाजिक जीवन में कुछ खलबली मचाती रहती है। मुक्तिबोध जानते हैं किसी भी ऐतिहासिक परम्परा से एकदम छुटकारा नहीं पाया जा सकता। हम उसे मृतप्राय समझते हैं। तब भी कुछ हद तक तो वह गतिमान बनी रही है और उनका प्रेम हमारे जीवन में पैठा रहता है। किसी दूसरी परम्परा को अपनाकर ही हम उसे पूर्णतया परास्त कर पाते हैं।''[2]

परम्परा के प्रति विद्रोह के नाम पर मुक्तिबोध अपनी सांस्कृतिक विरासत से कट जाना नहीं चाहते हैं। वे अपनी ऐतिहासिक सांस्कृतिक-परम्परा के प्रति एक गहरे दायित्वबोध से मंडित हैं। ऐतिहासिक चेतना का तात्पर्य मृत अतीत की चेतना नहीं होता वरन् वह अतीत के जीवित अंश की चेतना है। इसीलिए कोई भी नया परिवर्तन, नया विकास, परम्परा का परित्याग या बहिष्कार करके नहीं आता वरन् अतीत परम्परा के प्रति एक नई दृष्टि, एक नई मानसिक चेतना पैदा करके आता है। मुक्तिबोध की

1. द्रष्टव्य क्ष त्र ज (त्रैमासिक पत्रिका) ब्रह्मराक्षस : अर्थ बीज और विस्तार, कुबेरनाथ राय–जनवरी 1969।
2. मुक्तिबोध का मानवतावाद (लेख) आलोचना (त्रैमासिक) अप्रैल-जून 1971, पृ. 38।

कविता 'एक अन्तर्कथा' में इतिहास व सांस्कृतिक-परम्परा के प्रति ऐसा ही दृष्टिकोण अभिव्यंजित हुआ है।

'एक अन्तर्कथा' शीर्षक कविता में 'माँ' के माध्यम से व्यक्त किया गया है कि आज के सुविधाभोगी समाज ने जीवन की तथाकथित सफलता प्राप्त करने की होड़ में अब तक के संचित ज्ञानकोश को तुच्छ समझ कचरे के ढेर में फेंक दिया है जिसे 'माँ' बटोरती फिर रही है क्योंकि वह जानती है कि तिरस्कृत परम्परा की महत्वपूर्ण उपलब्धियाँ आज के जीवन को सार्थक बना सकती हैं।

इस कविता में आई 'माँ' ऐसे व्यक्तित्व का प्रतीक है जो परम्परा के जीवन्त अंशों की पहचान रखता है। जो जानता है कि उन अंशों का सार्थक उपयोग कैसे किया जा सकता है। इसलिए यह 'माँ' सभ्यता के जंगल में बिखरी हुई सूखी टहनी, सूखी डालों आदि को बीनती घूम रही है क्योंकि उसका विश्वास है–

अन्तर्जीवन के मूल्यवान जो संवेदन
उनका विवेक-संगत प्रयोग हो सका नहीं
कल्याणकारी करुणाएँ फेंकी गईं
रास्ते पर कचरे-जैसी
मैं चीह्न रही उनको
जो गहन अग्नि के अधिष्ठान
हैं प्राणवान्
मैं बीन रही उनको

× × ×

घर के बाहर आँगन में मैं सुलगाऊँगी
दुनिया भर को उनका प्रकाश दिखलाऊँगी।[1]

कविता का काव्य-नायक 'मैं' इस 'माँ' का पुत्र है जो टोकरी उठाए पीछे-पीछे चल रहा है। यह टोकरी उसके दायित्व-बोध की प्रतीक है। सूखी टहनियाँ आदि परम्परागत उपलब्धियों की प्रतीक हैं जिन्हें काव्य-नायक दायित्व-बोध के वशीभूत टोकरी में लिए हुए है। तथाकथित आधुनिकता व सुविधावादिता से प्रभावित होने के कारण उसे टोकरी उठाकर चलने में हिचकिचाहट भी महसूस होती है–

टोकरी उठाना–चलन नहीं
वह फैशन के विपरीत
इसलिए निगाहें बचा-बचा
आड़े-तिरछे चलता हूँ मैं
संकुचित और भयभीत[2]

किन्तु जब काव्य-नायक सूखी टहनियों, डंठलों आदि की महत्ता से परिचित हो

1. चाँद का मुँह टेढ़ा है–मुक्तिबोध, पृ. 119-120।
2. वही, पृ. 116।

जाता है तो उसमें बड़ा परिवर्तन आ जाता है। उसे लगता है कि सिर पर रखी टोकरी में कोई सद्योजात मानव-शिशु रो रहा है। शिशु के प्रति उसके मन में प्यार उमड़ने लगता है। पर तभी यह प्रश्न उसके मन में उठता कि यह शिशु कौन है? उत्तर मिलता है कि यह 'मानव-परम्परा' है। यह जानते ही उसकी आँखों में अश्रु और अभिमान छा जाते हैं और अन्तर में करुणा की हिमालयी चट्टान पिघलने लगती है। पर इसके साथ ही काव्य-नायक की पीठ झुकती जाती है। तब उसे तनकर खड़े होने का आदेश मिलता है और इस तनने के फलस्वरूप काव्यनायक को लगता है कि–

नभ मेरे हाथों पर आता
मैं उल्का-फूल फेंकता मधुर चन्द्रमुख पर
मेरी छाया गिरती है दूर नेब्युला में।[1]

यह काव्य-नायक के अहंकार का ही विस्तार है जो उसे इतना विराट् बना देता है जितना कि वह है नहीं। अहंकार ही वह दुर्धर-देव है जो काव्य-नायक को कुचलता है। 'बीड़ी पीने की तलब' काव्य-नायक को उसकी वास्तविक स्थिति का ज्ञान कराती है। अहंकार के कारण आया गौरव यथार्थ-स्थिति की क्षुद्रता के कारण टूट जाता है और तब काव्य-नायक इच्छा करता है–

बस, तभी तलब लगती है बीड़ी पीने की।
मैं पूर्वाकृति में आ जाता।
बस, चाय एक कप मुझे गरम कोई दे दे
ऐसी तैसी उस गौरव की
जो छीन चले मेरी सुविधा।
मित्रों से गप करने का मजा और ही है।
ये गरम चिलचिलाती सड़कें
सौ बरस जिएँ।
मैं परिभ्रमण करता जाऊँगा जीवन भर
मैं जिप्सी हूँ[2]

'चाय और बीड़ी पीने की तलब' जहाँ काव्य-नायक को उसकी साधारणता, क्षुद्रता का अहसास कराती है। वहाँ 'मित्रों से गप मारने में मजा' उसकी अकर्मण्यता तथा 'जिप्सी बनकर घूमना' उसकी संघर्ष से बचने की प्रवृत्ति का संकेत देता है।

'माँ' विवेकसम्मत सकर्मकता से युक्त है। वह काव्य-नायक को जीवन संघर्ष में जुटने की प्रेरणा देती है। व्यंग्य से मुस्कराकर 'माँ' काव्य-नायक को धिक्कारती हुई डाँटती है–

तब देव बना अब जिप्सी भी,
केवल जीवन कर्तव्यों का

1. चाँद का मुँह टेढ़ा है–मुक्तिबोध, पृ. 122।
2. वही, पृ. 122-123।

पालन न हो सके इसीलिए
निज को बहलाया करता है।
चल इधर, बीन सूखी टहनी
× × ×
पहचान अग्नि के अधिष्ठान[1]

माँ जानती है कि 'देव' और 'जिप्सी' दोनों रूपों में कर्तव्य-पूर्ति नहीं हो सकती। और काव्य-नायक जिप्सी बनकर परिभ्रमण करना चाहता है। अर्थात् जीवन-संघर्षों से दूर जाना चाहता है। वह बताती है कि यह अपने आपको धोखा देना है। 'माँ' उसे प्रबोध देती हुई सूखी टहनियों में छिपी आग को पहचानने का आग्रह करती है और तब काव्य-नायक लाल फूलों से लदे रक्तिम प्रकाश विकीर्ण करनेवाले सेमल के वृक्ष को देख, जीवन पर मुग्ध होने लगता है अर्थात् वह जीवन की गतिमानता से जुड़ जाता है।

आत्मा-साक्षात्कार के द्वन्द्व की पारदर्शी कविता : 'अँधेरे में'

जीवन की गतिमानता का एक पक्ष आत्म-संघर्ष में है जिसे मुक्तिबोध ने अपनी अन्तिम कविता 'अँधेरे में' में अत्यन्त भास्वरता के साथ उभारा है। यह संघर्ष दो स्तरों पर चलता है। इसका एक पक्ष व्यक्ति के मनोजगत् के संघर्ष का है तो दूसरा पक्ष समाज की विभिन्न स्थितियों से संघर्ष का है। 'अँधेरे में' कविता में मध्यमवर्ग के उस व्यक्ति के आत्मसंघर्ष को उभारा गया है जो एक ओर समाज की अव्यवस्था, उत्पीड़न के विरुद्ध संघर्ष करना चाहता है पर दूसरी ओर वह अपनी सुविधाओं को छोड़ भी नहीं पाता। एक ओर वह संघर्ष से प्रेरित होकर 'रक्तालोक-स्नात पुरुष' बनना चाहता किन्तु दूसरी ओर उसे कमजोरियों से भी लगाव है। वह डरपोक भी है। एक ओर वह चाहता कि 'रक्तालोक स्नात पुरुष' को–

बाँहों में कस लूँ,
हृदय में रख लूँ
घुल जाऊँ, मिल जाऊँ लिपटकर उससे[2]

पर इसके साथ ही उसकी दूसरी स्थिति यह है कि–

डरता हूँ उससे
वह बिठा देता है तुंग शिखर के
खतरनाक, खुरदुरे कगार-तट पर
शोचनीय स्थिति में ही छोड़ देता मुझको।
कहता है–"पार करो पर्वत-सन्धि के गह्वर,

1. चाँद का मुँह टेढ़ा है–मुक्तिबोध, वही, पृ. 123।
2. वही, पृ. 265।

रस्सी के पुल पर चल कर
टूट उस शिखर-कगार पर स्वयं ही पहुँचो।
अरे भाई, मुझे नहीं चाहिए शिखरों की यात्रा,
मुझे डर लगता है ऊँचाइयों से
बजने दो सांकल!![1]

'अँधेरे में' कविता का मूल प्रतिपाद्य इसी द्वन्द्व का चित्रण है जो हमारे समाज के मध्यमवर्गी व्यक्ति के सुविधाजीवी और आदर्शजीवी मन के बीच हुआ करता है। मन की द्विधा बड़ी स्वाभाविक है। मध्यमवर्गीय मन सदैव सामंजस्य स्थापित करना चाहता है क्योंकि उसकी प्रकृति सब कुछ सहेजने की होती है। मुक्तिबोध ने 'एक साहित्यिक की डायरी' में लिखा है–''सामंजस्य स्थापना के फलस्वरूप सब लोग टूट गए हैं, उनके दिल की कई फाँकें हो गई हैं।''[2]

'अँधेरे में' कविता में 'अँधेरे' की स्थिति अत्यन्त महत्वपूर्ण है। इस 'अँधेरे' को समझे बिना कविता पकड़ में नहीं आ सकती। वस्तुतः कविता में 'अँधेरे' की भूमिका दो स्तरों पर है। प्रथम और स्थूल स्तर पर तो यह कविता को एक ऐसा वातावरण प्रदान करती है जो रहस्यमय, भयावह है तथा जिसमें कवि-इच्छित वस्तुओं को पूर्ण मूर्तता के साथ उभारने में भी सफल होता है। दूसरे स्तर पर यह अँधेरा सामाजिक अव्यवस्था तथा व्यक्ति-मन की निबिड़ता को प्रकट करता है।

इस कविता का आरम्भ किसी व्यक्ति की जिन्दगी के अँधेरे कमरे में, हृदय के अन्धकार में, चक्कर काटते हुए किसी अनजान, अनपहचाने व्यक्ति से होता है जिसके पैरों के चाप तो सुनाई देते हैं किन्तु वह स्वयं नहीं दिखाई पड़ता है। उसके अस्तित्व का संकेत तो मिलता है किन्तु उससे साक्षात्कार नहीं हो पा रहा है। दीवार पर बननेवाले टूटे हुए पलस्तर के चित्र को देखकर वाचक को लगता है...यह मनु है।

इसी तरह शहर के बाहर पहाड़ी के उस पार के तालाब में लहरियों के फैलने से भी एक चेहरा बनता है जो अपनी पहचान तो बताता है किन्तु वाचक की समझ में कुछ नहीं आता है।

इस प्रकार किसी अनजान, अनचीन्हे व्यक्ति का चित्र अन्दर और बाहर दोनों ही जगह बनता है। तभी तालाब के पास बिजलियों की चमक के बीच एक तिलस्मी खोह का शिला द्वार खोलकर, 'रक्तालोक-स्नात पुरुष' प्रत्यक्ष होता है।

यहीं से द्विधा आरम्भ होती है। वस्तुतः यह 'रक्तालोक-स्नात पुरुष' दो हैं। एक ओर यह जिन्दगी के कमरों के अँधेरे में चक्कर लगाता है, दूसरी ओर शहर के बाहर के तालाब की लहरियों में उसका चेहरा फैला है तथा जो वाचक के द्वार पर अन्दर आने के लिए साँकल बजा रहा है। इस तरह स्पष्ट है कि 'रक्तालोक-स्नात पुरुष' दो हैं–एक अन्दर है, दूसरा बाहर।

---

1. चाँद का मुँह टेढ़ा है–मुक्तिबोध, पृ. 266।
2. एक साहित्यिक की डायरी–मुक्तिबोध, पृ. 43।

पर प्रश्न उठता है कि 'यह रक्तालोक-स्नात पुरुष' है कौन? इसका परिचय क्या है? वाचक से इसका क्या सम्बन्ध है? वाचक को आरम्भ में भ्रम होता है कि वह मनु है। वाद में वाचक स्वीकार करता है–

वह रहस्यमय व्यक्ति
अब तक न पाई गई मेरी अभिव्यक्ति है,
पूर्ण अवस्था वह,
निज सम्भावनाओं, निहित प्रभावों, प्रतिमाओं की,
मेरे परिपूर्ण का आविर्भाव,
हृदय में रिस रहे ज्ञान का तनाव वह,
आत्मा की प्रतिमा।[1]

अर्थात् यह 'रक्तालोक-स्नात पुरुष' 'पूर्ण अभिव्यक्ति' है। पर प्रश्न उठता है कि यह 'पूर्ण अभिव्यक्ति' क्या है व किसकी है? यह अभिव्यक्ति दो स्तरों पर है। प्रथम तो यह कि समाज में फैला अन्धकार दूर हो जाए। दूसरी यह कि कविता बन जाए, रचना प्रक्रिया सम्पूर्ण हो जाए। वस्तुतः "मुक्तिबोध के लिए मानव की रचना और कविता की रचना एक साथ चलती है जिसे सकील भाषा में कवि व्यक्तित्व और काव्य-व्यक्तित्व का संशोधन-रूपांतरण भी कहा जा सकता है।"[2] यह सारी बातें वस्तुतः आत्म-साक्षात्कार के क्रम में घट रही हैं।

मुक्तिबोध ने इस 'रक्तालोक-स्नात पुरुष' के प्रतीक के माध्यम से सामाजिकता और कविता को अभेद्य रूप में संगठित कर दिया है जो सम्पूर्ण कविता में आद्यन्त विद्यमान है। इस कविता से मुक्तिबोध की यह धारणा जानी जा सकती है कि मनुष्य की पूर्ण सम्भावनाएँ तभी प्रकट होंगी जब कविता सामाजिकता को ग्रहण कर लें और समाज, कविता या कला को अंगीकार कर ले।

कविता में आया अँधेरा कई बातों की ओर संकेत करता है। एक तो यह कि समाज में अव्यवस्था का अँधेरा फैला हुआ है। अतः अँधेरे के दूर होने का मतलब सामाजिक कुव्यवस्था का दूर होना है। दूसरी ओर यह अँधेरा कवि के मन में छाई उस अमूर्तता व अस्पृश्यता को भी व्यंजित करता है जो कविता लिखने से पहले, सृजन-प्रक्रिया के आरम्भ में होती है। जैसे सृष्टि से पहले प्रलय होती है, पंच-भूत बिखरे होते हैं, उसी तरह कविता की सृष्टि से पहले कवि में मन में भी प्रलय होती है। इस तरह मुक्तिबोध के कवि की संवेदना भी अन्धकार से घिरी हुई है।

कविता में आत्म-साक्षात्कार की प्रक्रिया 'वह' और 'मैं' के बीच चल रही है। 'रहस्यमय रक्तालोक-स्नात पुरुष' ही 'वह' है जिसे पाने के लिए 'मैं' अँधेरे में भटक रहा है तथा जो अपनी सुविधावादिता के कारण उससे मिलकर भी नहीं मिल पाता है। 'मैं' को अपनी कमजोरियों से लगाव है। 'रक्तालोक-स्नात पुरुष' का 'विवेक विक्षोभ'

1. चाँद का मुँह टेढ़ा है–मुक्तिबोध, पृ. 263।
2. आलोचना और आलोचना–डॉ. इन्द्रनाथ मदान, पृ. 145।

सहने की शक्ति उसमें नहीं है। पर इसके साथ ही 'मैं' उसे छोड़ देने में भी असमर्थ है। 'मैं' उसे छोड़ना भी नहीं चाहता है क्योंकि उस 'रक्तालोक-स्नात पुरुष' से साक्षात्कार के बाद 'मैं' में बड़ा परिवर्तन आ गया है–

पैरों से महसूस करता हूँ धरती का फैलाव,
हाथों से महसूस करता हूँ दुनिया,
मस्तक अनुभव करता है आकाश
दिल में तड़पता है अँधेरे का अन्दाज।

× × ×

आत्मा में भीषण
सत-चित-वेदना जल उठी, दहकी।[1]

अब 'मैं' की आत्मा में 'सत्-चित्-वेदना' जल उठी है। उसमें वेदना से युक्त सकर्मकता का समावेश हो गया है। उसे एक मूल मन्त्र मिल गया है कि संसार में जो कुछ है उसे ग्रहण करो, पीड़ा-करुणा को स्वीकार और सहानुभूतिपूर्वक अपने कार्यों को पूर्ण करो। लेकिन 'मैं' जब 'रक्तालोक-स्नात पुरुष' से मिलने के लिए अपने द्वार की जंग खाई सिटकनी खोलकर बाहर झाँकता है तो बाहर कोई नहीं है। 'मैं' को फिर असफलता मिलती है। उसका आत्मसाक्षात्कार अधूरा ही रह जाता है। उसकी 'पूर्ण अभिव्यक्ति'–'वह' उससे दूर चली गई है जो लौटेगी नहीं। जिसकी निरन्तर खोज करनी होगी–

वह चला गया है,
वह नहीं आएगा, आएगा ही नहीं,
अब तेरे द्वार पर!
वह निकल गया है, गाँव में शहर में।
उसको तू खोज अब, उसका तू शोध कर–
वह तेरी पूर्णतम परम अभिव्यक्ति
उसका तू शिष्य है (यद्यपि पलातक–)
वह तेरी गुरु है, गुरु है–।[2]

इस 'पूर्णतम परम अभिव्यक्ति' के चले जाने पर 'वाचक' फिर अकेला रह जाता है। 'वाचक' जान नहीं पाता है कि वह जागृत अवस्था में है या स्वप्नावस्था में। एक प्रकार से वह किंकर्तव्यविमूढ़ता की स्थिति में है। रात के दो बजे हैं और उसे नींद नहीं आ रही है। उसका मस्तिष्क निरन्तर कुछ सोच रहा है। उसकी इसी चिन्तन प्रक्रिया में कहीं भी कोई तालमेल नहीं है। इसीलिए वह सोचता है कि कहीं रेल एक्सीडेंट न हो जाए। आसमान में चमकते तारे उसे स्लेट-पट्टी पर अंकित गणित अंक जैसे लगते हैं। तभी उसे टॉलस्टॉय का चेहरा दिखाई दे जाता है पर उसे यह भी लगता है कि

1. चाँद का मुँह टेढ़ा है–मुक्तिबोध, पृ. 267।
2. वही, पृ. 298।

वह टॉलस्टॉय नहीं है वरन् उसके 'अनलिखे उपन्यास का केन्द्रीय संवेदन' है। वस्तुतः यह वाचक के आत्मसाक्षात्कार का ऐसा पक्ष है जिसमें वह जो कुछ सोचता है यह सब लिखता जाता है। इन बातों की संगति कविता के साथ स्पष्ट व सीधे रूप में नहीं बैठती है किन्तु इसे काव्य की रचना-प्रक्रिया की असम्बद्धता के रूप में, मुक्त आसंग (फ्री एसोसियेशन) के रूप में ग्रहण किया जा सकता है।

वाचक जब यह सोच रहा होता है, तभी दृश्य बदलता है और उसे अँधेरे में डूबे शहर के मध्य में से जुलूस आता दिखाई देता है जिसमें शहर के अनेक सम्मानीय व्यक्ति, जिनमें आलोचक, विचारक, कवि, मन्त्री, उद्योगपति, विद्वान, जनरल, ब्रिगेडियर आदि शहर के कुख्यात बदमाश 'डोमा जी उस्ताद' के साथ दिखाई पड़ते हैं। वाचक उस जुलूस को देखता है। उसकी प्रतिक्रिया है–

यहाँ ये दीखते हैं भूत-पिशाच-काय।
भीतर का राक्षसी स्वार्थ अब
साफ उभर आया है,
छिपे हुए उद्देश्य
यहाँ निखर आए हैं
यह शोभा-यात्रा है किसी मृत-दल की।[1]

जुलूस में सम्मिलित ये सभी लोग दिन के उजाले में बड़े महान, सम्मानीय होते हैं किन्तु रात के अँधेरे में उनकी कलई खुल गई है और उनके अन्दर का छिपा विकृत रूप उभर आया है। यह विकृत रूप उसी तरह से प्रकट हो गया है जैसे किसी शान्त सरोवर में आलोड़न होने पर उसके तल में जमी कीचड़ ऊपर उभर आती है। यह जलूस सामाजिक अव्यवस्था को मूर्त करता है। दिन का प्रकाश इन लोगों की कृत्रिमता को ढँक देता है पर रात के इस अँधेरे में इन सभ्य लोगों के अन्दर छिपा राक्षसी स्वार्थ, छिपे उद्देश्य निखर आए हैं। इसलिए 'वाचक' कहता है कि 'यह शोभायात्रा है किसी मृत-दल की।'

'वाचक' ने सभ्य लोगों के इस जुलूस को देख लिया है। उनकी असलियत जान ली है। प्रभावशाली, सभ्य लोगों की असलियत जान लेना साधारण-जन के लिए अपराध है। इसीलिए 'वाचक' को, जोकि एक सामान्य-जन है जुलूस में से एक शोर उठता मालूम पड़ता है–

मारो गोली, दागो स्साले को एकदम
दुनिया की नज़रों से हटकर
छिपे तरीके से
हम जा रहे थे कि
आधी रात–अँधेरे में उसने

---

1. चाँद का मुँह टेढ़ा है–मुक्तिबोध, पृ. 273।

देख लिया हमको
वह जान गया वह सब
मार डालो, उसको खत्म करो एकदम।[1]

'वाचक' पसीने से शराबोर हो भागता है। उसका स्वप्न टूट गया। वह जाग्रतावस्था में पहुँच अँधेरे में देखे चेहरों को याद करने लगता है या कि उसे वे याद आने लगते हैं। वह इस जुलूस को देख लेने के परिणामों के बारे में विचार कर रहा है। उसे पता चल गया है कि–

गहन मृतात्माएँ इसी नगर की
हर रात जुलूस में चलतीं,
परन्तु, दिन में
बैठती हैं मिलकर करती हुई षड्यन्त्र
विभिन्न दफ्तरों, कार्यालयों, केन्द्रों में, घरों में।
हाय, हाय! मैंने उन्हें देख लिया नंगा,
इसकी मुझे और सजा मिलेगी।[2]

समाज की अव्यवस्था पर इससे प्रखर व्यंग क्या हो सकता है। तथाकथित सांस्कृतिक वर्ग के कार्य-कलापों का कच्चा चिट्ठा यहाँ वाचक ने खोला है। वाचक जो अपनी जाग्रतावस्था में विचार कर रहा था फिर से स्वप्न की दुनिया में पहुँच जाता है उसे लगता है कि सेना ने सड़कों को घेर लिया है। किसी सम्भावित जन-क्रान्ति के दमन के लिए शहर में 'मार्शल लॉ' लग गया है। सभी लोग इधर-उधर भाग रहे हैं। वाचक को लगता है कि कोई उसका भी पीछा कर रहा है और वह भी–

भागता मैं दम छोड़
घूम गया कई मोड़।[3]

भागते हुए 'वाचक' को 'अन्धकार-स्तूप-सा भयंकर बरगद' दिखाई देता है जो सभी उपेक्षितों, वंचितों, गरीबों का घर है। 'वाचक' भी यहीं शरण लेने आता है। इस बरगद के नीचे 'एक सिर-फिरा जन' रहता है, जो 'पागल' है। लेकिन यह आश्चर्यजनक बात है कि वही पागल आज 'जागरित बुद्धि, प्रज्चलत् धी' है। यह पागल है कौन? वस्तुतः यह पागल 'वाचक' का आदर्शवादी समझौता न करनेवाला निरीह मन है जो वाचक के आत्म-साक्षात्कार के क्षण में प्रकट हुआ है। यह पागल एक गीत गाता है जिसमें वह 'वाचक' या कि आज के मध्यम-वर्गीय बुद्धिजीवी की सुविधा लोलुपता, अवसरवादिता की कलई खोलता है। वह पागल 'हृदय के करुण-रसाल शब्दों में' जो कुछ कहता है उसका गद्यानुवाद कवि इस प्रकार कर देता है–

---

1. चाँद का मुँह टेढ़ा है–मुक्तिबोध, पृ. 244।
2. वही, पृ. 274-275।
3. वही, पृ. 275।

ओ मेरे आदर्शवादी मन,
ओ मेरे सिद्धान्तवादी मन,
अब तक क्या किया?
जीवन क्या जिया!!
उदरम्भरि बन अनात्म बन गए
भूतों की शादी में क़नात से तन गए
किसी व्यभिचारी के बन गए बिस्तर
दुखों के दागों को नमगों-सा पहना,
अपने ही ख़यालों में दिन रात रहना,

× × ×

जिन्दगी निष्क्रिय बन गई तलघर,

× × ×

करुणा के दृश्यों से हाय! मुँह मोड़ गए,
बन गए पत्थर,

× × ×

लोक हित पिता को घर से निकाल दिया,
जन-मन-करुणा-सी माँ को हंकाल दिया,
स्वार्थों के टेरियार कुत्तों को पाल लिया,

× × ×

विवेक वघार डाला स्वार्थों के तेल में,
आदर्श खा गए।[1]

'पागल' का यह गद्य-गान वस्तुतः वाचक के अपने आपसे किए गए प्रश्न हैं जिसमें वह अपने सुविधावादी, अवसर-परस्त मन को धिक्कार रहा है। आत्मालोचन कर रहा है। इस आत्मालोचन के फलस्वरूप 'वाचक' अपने को किसी छायामूर्ति के सम्मुख खड़ा पाता है जिसमें परस्पर बहस होती है और परस्पर तमाचे लगने लगते हैं। 'वाचक' को लगता है कि उसी के कारण गलियों में अन्धकार है और मार्शल लॉ लगा है। 'वाचक' में अपनी दायित्वहीनता के कारण ही यह अपराध-बोध जागता है और इसीलिए उसकी नींद उड़ जाती है, चैन खो जाता है।

'वाचक' को आत्मसाक्षात्कार के क्षणों में जो आत्मबोध होता है उसके फलस्वरूप उसका व्यक्तित्व प्रायश्चित के 'साँवले जल' से प्रक्षालित होता है, पवित्र होता है। इस प्रक्षालन प्रक्रिया के बाद 'वाचक' को लगता है कि–

'कोई गुरु-गम्भीर महान अस्तित्व
महकता है लगातार'[2]

---

1. चाँद का मुँह टेढ़ा है–मुक्तिबोध, पृ. 277-278।
2. वही, पृ. 280।

यह 'गुरु-गम्भीर महान अस्तित्व, वस्तुतः वाचक का आदर्शवादी व्यक्तित्व ही है जो अब तक दमित था किन्तु अब उसके अस्तित्व का, उसकी सत्ता का भान 'वाचक' को होने लगता है।

आत्मसाक्षात्कार की यह प्रक्रिया और आगे बढ़ती है। 'वाचक' भूमि की सतहों के नीचे छिपी 'अँधियारी-प्राकृत गुहा' में पहुँच जाता है जहाँ वह 'तिमिर भेदनेवाले पत्थर, मणि तेजस्क्रिय रेडियो-ऐक्टिव रत्न' देखता है। वस्तुतः वाचक अपने मन की भीतरी सतहों में धँसता है तथा जहाँ उसे अपनी आदिम इच्छाएँ, कामनाएँ ही रत्न और पत्थरों के रूप में मिलती हैं जिनका 'वाचक' ने अपनी वास्तविक जिन्दगी में दमन किया था। वह स्वीकार करता है–

अनुभव, वेदना, विवेक निष्कर्ष,
मेरे ही अपने यहाँ पड़े हुए हैं

× × ×

हाय, हाय! मैंने उन्हें गुहावास दे दिया।
लोक-हित क्षेत्र से कर दिया वंचित
जनोपयोग से वर्जित किया और
निषिद्ध कर दिया
खोह में डाल दिया!![1]

पर 'वाचक ने' इन्हें खोह में क्यों डाला? उन्हें गुहावास क्यों दिया? इसका कारण यह था कि 'वाचक' के वे 'अनुभव' वेदना से युक्त विवेक-निष्कर्ष' खतरनाक थे। उनके होते हुए, उन पर आचरण करते हुए 'वाचक' को जीवन की विभिन्न सुविधाएँ नहीं मिल सकती थीं। उसके बच्चों को, परिवार को खाना भी नहीं मिलता। उन्हें भीख माँगनी पड़ती।[2] 'वाचक' यह नहीं चाहता था कि उसके बच्चे भीख माँगें। अपने परिवार की चिन्ता के वशीभूत होकर ही 'वाचक' ने समझौता किया, अपने विवेक युक्त अनुभव-निष्कर्षों को 'गुहावास' देकर जनहित से दूर कर दिया। लेकिन अब जबकि 'वाचक' को आत्मबोध हो गया है तो वह जूझने के लिए ही तय करता है। इस प्रकार वह जीवन-संघर्ष की ओर प्रवृत्त होता है, सकर्मक बनता है उसमें विवेक जागता है।

'वाचक' विवेकयुक्त होने के बाद ही तिलक, गांधी की मूर्ति तक चलता है। तिलक की मूर्ति की नासिका से बहते खून को देखकर वाचक विचलित हो जाता है और कहता है–

हाय, हाय, पितः पितः ओ,
चिन्ता में इतने न उलझो
हम अभी जिन्दा हैं जिन्दा
चिन्ता क्या है!![3]

---

1. चाँद का मुँह टेढ़ा है–मुक्तिबोध, पृ. 282।
2. वही, पृ. 283।
3. चाँद का मुँह टेढ़ा है–मुक्तिबोध, पृ. 286।

उसमें 'आत्म-संशोधन' की भावना पैदा होती है। तिलक की पाषाण प्रतिमा उसे इसकी प्रेरणा देती है। तब 'वाचक' को लगता है–

विवेक चलाता तीखा-सा रन्दा
चल रहा बासूला
छीले जा रहा मेरा यह निजत्व ही कोई[1]

तिलक की पाषाण-प्रतिमा के बाद 'वाचक' को बोरा ओढ़े गांधी दिखाई देते हैं जो पहले तो 'वाचक' को डाँटते हैं किन्तु बाद में उसे ज्ञान-सन्देश, एक शिशु देते कहते हैं–

जनता के गुणों से ही सम्भव
भावी का उद्‌भव...[2]

गांधी जी द्वारा 'वाचक' को प्रदत्त शिशु ऐतिहासिक दायित्व का प्रतीक है। नए युग की आनेवाली पीढ़ी का प्रतीक है। वह शिशु भविष्य शिशु है। 'वाचक' इस शिशु को सँभालता है। उसे शिशु का स्वर 'अतिशय परिचित' लगता है क्योंकि उसके अन्तर में भी कहीं-न-कहीं दायित्व को निबाहने का भाव है। इस स्थिति तक पहुँचते-पहुँचते वाचक सकर्मकता, सक्रियता के महत्व से परिचित हो जाता है। विवेकयुक्त सकर्मता से मंडित होते ही वाचक के कन्धे से लगा शिशु सूरजमुखी फूल के गुच्छे में तथा बाद में रायफल में बदल जाता है। सूरजमुखी फूल दायित्व-बोध की प्रसन्नता के प्रतीक है तो रायफल कर्मण्यता से युक्त होने का संकेत है। 'वाचक' के इस प्रकार कर्मण्यता से युक्त होते ही एक कलाकार मर जाता है जो–

वह कलाकार था
गलियों के अँधेरे का, हृदय में, भार था,
पर कार्य-क्षमता से वंचित व्यक्ति,
चलाता था अपना असंग अस्तित्व।
× × ×
शून्य के जल में डूब गया नीरव
हो नहीं पाया उपयोग उसका।
× × ×
मर गया एक युग,
मर गया एक जीवनादर्श!![3]

यह कलाकार ऐसे बुद्धिवादी चरित्र का प्रतीक है जो अकर्मण्य था। जिसमें जीवन की सक्रियता नहीं थी जो कार्यक्षमता से वंचित था तथा अपने असंग अस्तित्व चलाता था। वस्तुतः यहाँ 'वाचक' के चरित्र में ही निहित अकर्मण्य कलाकार मर जाता है।

---

1. चाँद का मुँह टेढ़ा है–मुक्तिबोध, पृ. 286।
2. वही, पृ. 289।
3. वही, पृ. 292-93।

उसकी कला का कोई उपयोग नहीं हो पाया क्योंकि वह कला जीवन से सम्पृक्त नहीं थी। जीवन से विमुख साहित्य महान नहीं हो सकता। महान कविता में जीवन को ही शब्दों में ढाला जाता है और वह कलाकार ऐसा नहीं करता था। इसीलिए उसका वध हो जाता है। 'वाचक' या मुक्तिबोध के आत्म-साक्षात्कार की यह एक महत्वपूर्ण स्थिति है जब इनका व्यक्तित्व 'सत्-चित्-वेदना' से युक्त हो जाता है इस स्तर पर पहुँच मुक्तिबोध 'सत्-चित्-वेदना' के कवि हो जाते हैं। 'वाचक' को तब मित्रों की तलाश होती है–

–दोस्तों को खोजूँ
पाऊँ में नए-नए सहचर
सकर्मक सत्-चित्-वेदना-भास्वर!![1]

अब 'वाचक' प्रखर रूप से कार्य-शील हो गया है। उसने कर्म करने का संकल्प कर लिया है। इसीलिए उसे अपने जैसे अन्य लोगों की आवश्यकता महसूस होती है। वह उनकी खोज में लग जाता है। इस सक्रिय-सकर्मता के आते ही 'वाचक' का 'आततायी-सत्ता' द्वारा दमन आरम्भ हो जाता है–

पकड़कर कालर गला दबाया गया।
चाँटे से कनपटी टूटी कि अचानक
त्वचा उखड़ गई गाल की पूरी
× × ×
स्क्रीनिंग करो मिस्टर गुप्ता
क्रास एक्जामिन हिम थारोली!![2]

पर 'वाचक' अब संकल्प की वह चट्टान बन चुका है जिस पर किसी भी प्रकार के दमन का कोई प्रभाव नहीं पड़ता है। दूसरे 'वाचक' की सहानुभूति का, वेदना का, विस्तार इतना हो गया है कि वह सर्वत्र है। 'वाचक' का 'मैं' अब 'हम' में परिवर्तित हो चुका है। तभी वह कहता है–"हम कहाँ हैं। सभी जगह हम।"[3]

दमन प्रक्रिया के उपरान्त 'वाचक' रिहा कर दिया जाता है। वह फिर सक्रिय हो जाता है। 'वाचक' का एक रूप 'कवि' का भी है। इसीलिए वह अपने काव्य-सृजन के प्रति भी सकर्मता से युक्त है। रिहा होने के पश्चात 'वाचक' को अपने आस-पास के वातावरण में अद्भुत सक्रियता परिलक्षित होती है। उसके हृदय में नए-नए भाव उमड़ने लगते हैं जिसमें ऊर्जा है, सक्रियता है। किन्तु इन उर्जस्वित भावों को व्यक्त करनेवाले काव्य-उपकरण उसके पास नहीं हैं। अपने इस अभाव का उसे ज्ञान है तथा इसके कारण उसमें गहरा असन्तोष भी है–

---

1. चाँद का मुँह टेढ़ा है–मुक्तिबोध, पृ. 294।
2. वही, पृ. 293-295।
3. वही, पृ. 296

किन्तु असन्तोष मुझको है गहरा,
शब्दाभिव्यक्ति-अभाव का संकेत।
काव्य-चमत्कार उतना ही रंगीन
परन्तु ठंडा।[1]

असन्तोष के गहरे होने का कारण मात्र शब्दाभिव्यक्ति का अभाव ही नहीं है। वरन् इसका कारण यह है कि 'वाचक' बिजली की नीली ज्वलन्त बाँहों में बाँहें उलझाकर प्रदीप्त लीला करना चाहता है–

मुझको तो बेचैन बिजली की नीली
ज्वलन्त बाँहों में बाँहों को उलझा
करनी है उतनी ही प्रदीप्त लीला
आकाश भर में साथ-साथ उसके घूमना है मुझको।[2]

शब्द-आकाश भर में अर्थ के साथ-साथ घूमने की 'वाचक' की यह इच्छा प्रचलित माध्यमों से हो नहीं सकती क्योंकि उसके 'मस्तक कुंड में सत्-चित्-वेदना जलती' है–

अरे, इन रंगीन पत्थर-फूलों से मेरा
काम नहीं चलेगा!!
क्या कहूँ,
मस्तक-कुंड में जलती
सत्-चित्-वेदना-सचाई व गलती–
मस्तक शिराओं में तनाव दिन-रात।[3]

अब वाचक इन सारी स्थितियों से जूझना चाहता है अतः वह निश्चय करता है–

अब अभिव्यक्ति के सारे खतरे
उठाने ही होंगे।
तोड़ने होंगे ही मठ और गढ़ सब।
पहुँचना होगा दुर्गम पहाड़ों के उस पार
तब कहीं देखने मिलेंगी बाँहें
जिनमें कि प्रतिपल काँपता रहता
अरुण कमल एक।[4]

यह 'अरुण कमल' क्या है? यह मानव सौन्दर्य के पूर्ण विकास का प्रतीक है। उसके पूर्ण आदर्शों, सम्भावनाओं का प्रतीक है। इसके साथ-ही-साथ यह अरुण-कमल भाषा के उस रूप का भी प्रतीक है अपनी ताजगी में अप्रतिम है जिसे मुक्तिबोध प्राप्त करना चाहते हैं। यह अरुण कमल कुछ विशिष्ट है क्योंकि यह वह कमल नहीं है जो

---

1. चाँद का मुँह टेढ़ा है–मुक्तिबोध, पृ. 298।
2. वही, पृ. 298।
3. वही, पृ. 299।
4. वही, पृ. 299।

कृत्रिम सरोवरों में बड़ी साज-सँवार के बाद खिलता है वरन् दुर्गम पहाड़ों के पार अपने नैसर्गिक रूप में खिलता है। शब्दों को नया अर्थ देने के लिए निरन्तर परिश्रम और संघर्ष करना पड़ना है। तब कहीं जाकर समर्थ कवि अर्थ के इस अरुण कमल को प्राप्त कर पाता है। 'वाचक' का ध्येय भी ऐसा ही अरुण कमल प्राप्त करना है जो अपने अप्रतिम सौन्दर्य से युक्त होकर प्रतिपल काँपता रहता है। यह अरुण-कमल नए काव्य-सत्य की प्राप्ति की ओर भी संकेत करता है।

इस स्थिति तक पहुँचकर 'वाचक' खतरे उठाने के लिए तैयार हो जाता है। वह आगे बढ़ता है किन्तु एक विचित्र बात होती है कि 'वाचक' जितना ही आगे बढ़ता है उतना ही वह 'पश्चात्-पद' रहता है। वह अपने आस-पास के लोगों को देखता है तो उसे दिखाई देता है–

लोगों की मुट्ठियाँ बँधी हैं।
अँगुली-सन्धि से फूट रही किरनें
लाल-लाल
यह क्या!!
मेरे ही विक्षोम-मणियों को लिए वे,
मेरे ही विवेक रत्नों को लेकर,
बढ़ रहे लोग अँधेरे में सोत्साह।[1]

'वाचक' अँधेरी गलियों में भागता जा रहा है कि कोई उसे 'गुप्त पर्चा' दे जाता है। 'वाचक' उसे पढ़ता है तो उसे बड़ा आश्चर्य होता है–

आश्चर्य!
उसमें तो मेरे ही गुप्त विचार व
दबी हुई संवेदनाएँ व अनुभव
पीड़ाएँ जगमगा रही हैं।[2]

पर्चा पढ़ने पर 'वाचक' को अपने व्यापक प्रभाव का पता चलता है। वह अपने को 'सर्वत्र' सचेत उपस्थित पाता है। उसे 'जिन्दगी की सरहद सूर्यों के प्रांगण पार जाती' हुई दीखती है। तब 'वाचक' एक घोषणा करता है–

कविता में कहने की आदत नहीं, पर कह दूँ
वर्तमान समाज चल नहीं सकता।
पूँजी से जुड़ा हुआ हृदय बदल नहीं सकता
स्वातन्त्र्य व्यक्ति का वादी
छल नहीं सकता मुक्ति के मन को
जन को।[3]

1. चाँद का मुँह टेढ़ा है–मुक्तिबोध, पृ. 301।
2. वही।
3. वही, पृ. 303।

'वाचक' समाज को पूर्णतः बदल देने की बात करता है। वह यह भी कहता है कि 'मुक्ति के मन को, जन को' छला नहीं जा सकता। अतः क्रान्ति अवश्यम्भावी है और क्रान्ति होती है–'कहीं आग लग गई, कहीं गोली चल गई।' क्रान्ति होते ही अव्यवस्था के नियामक लोग चुप साधकर बैठ गए। उनके ख़याल से क्रान्ति की बात ही गप है, किंवदन्ती है और 'रक्तपायी वर्ग से नाभिनाल-बद्ध लोग' 'भव्याकार भवनों के विवरों में छिप गए' और जन-क्रान्ति की ज्वालाएँ पूर्ण तेजी के साथ भभकने लगती हैं। वेदना की नदियाँ बहने लगती हैं जिसके जल में जैसे सदियों से होनेवाले श्रमिकों के शोषण की पीड़ा बह निकली है। और वेदना की उन नदियों का जल पीकर 'वाचक' को लगता है कि उसका व्यक्ति उसके युवजनों में प्रक्षेपित होता जा रहा है।

क्रान्ति की इस प्रक्रिया के बाद 'वाचक' का स्वप्न टूट जाता है। स्वप्न टूटते ही वाचक फिर अकेला रह जाता है और वह विचारों में डूब जाता है। वह देखे हुए स्वप्नों का विश्लेषण करने लगता है–

मैं उन सपनों का खोजता हूँ आशय,
अर्थों की वेदना घिरती है मन में।[1]

और इस प्रकार सुबह हो जाती है। अँधेरे से आरम्भ होकर कविता का अन्त 'गैलरी में फैले सुनहले रवि छोर' से होता है। 'वाचक' कमरे से निकल अपनी गैलरी में आकर खड़ा होता है। तभी उसे गलियों-सड़कों की भीड़ में वही व्यक्ति दिखाई देता है जिसे उसने मशालों की रोशनी में गुहा में देखा था। वही 'रक्तालोक-स्नात पुरुष', 'वाचक' की आत्मा की प्रतिमा–लोगों की भीड़ में चला जा रहा है। 'वाचक' उसे पुकारना ही चाहता है, रोकने के लिए बाँह उठाता ही है कि वह व्यक्ति 'किसी जन यूथ' में खो जाता है। 'वाचक' की बाँह उठी-की-उठी रह जाती है और पुकार मुँह-की-मुँह में।

यह व्यक्ति, 'रक्तालोक-स्नात पुरुष', 'वाचक' के 'परिपूर्ण का आविर्भाव' है। उसे प्राप्त किए बिना 'वाचक' पूर्णता को प्राप्त नहीं हो सकता क्योंकि वह 'निज सम्भावनाओं, निहित प्रभावों, प्रतिमाओं की पूर्ण अवस्था' है। वह 'वाचक' की परम अभिव्यक्ति है, उसकी गुरु है, वाचक उसका शिष्य है। लेकिन 'वाचक' को वह मिल नहीं सकता क्योंकि वह 'रक्तालोक-स्नात पुरुष' अब–

जगत् की गलियों में घूमता है प्रतिपल
वह फटे हाल रूप।
तड़ित्तरंगीय वह गतिमयता,

अत्यन्त उद्विग्न ज्ञान तनाव वह
सकर्मक प्रेम की अतिशयता
वही फटेहाल रूप!!

---

1. चाँद का मुँह टेढ़ा है–मुक्तिबोध, पृ. 307।

परम अभिव्यक्ति
लगातार घूमती है, जग में
पता नहीं जाने कहाँ, जाने कहाँ
वह है।[1]

अब वह 'रक्तालोक-स्नात पुरुष' तिलस्मी खोज में निर्वासित होकर नहीं रहता है वरन् वह जगत की गलियों में विचरण करता है। फटेहाल वह पहले भी था और अब भी है लेकिन अब उसमें 'उद्विग्न ज्ञान का तनाव और सकर्मक प्रेम की अतिशयता' भी है। अब वह व्यष्टि न रहकर समष्टि ही में परिवर्तित हो गया है। वह जन-जन में घुल-मिल गया है। इसीलिए वह मिल नहीं पाता है। 'वाचक' अपनी 'निजता' में उसे नहीं पा सकता इसलिए अब वह हर गली, हर सड़क, हर चरित्र में यानि की सर्वत्र अपनी 'आत्म-सम्भवा अभिव्यक्ति' को खोजता फिर रहा है, जिसे डॉ. नामवर सिंह 'अस्मिता की खोज'[2] कहते हैं–

'खोजता हूँ पठार–पहाड़–समुन्दर
जहाँ मिल सके मुझे
मेरी वह खोई हुई
परम अभिव्यक्ति अनिवार
आत्म-सम्भवा।[3]

अन्तर्मन की तिलस्मी गुहा में निवास करनेवाले इस 'रहस्यमय रक्तालोक-स्नात पुरुष' को जगत की गलियों, पहाड़ों पर सामान्य जनों के बीच ले आना ही इस कविता की परिणति है, सिद्धि है।

फैंटेसी के ताने-बाने में बुनी यह स्वप्न-कथा कवि या 'वाचक' के मानसिक जगत् में घटित होती है। यह 'रक्तालोक-स्नात पुरुष' वाचक की 'परम अभिव्यक्ति' है जो जन-जन में घुल-मिल गई है अर्थात् कवि की अभिव्यक्ति केवल कवि की न रहकर सबकी बन गई है। 'स्व' का 'पर' में अन्तर्भाव हो गया है। ममत्व-परत्व की भावना जाती रही है। 'वाचक' अपनी अभिव्यक्ति को पाने के, शोधने के, उपक्रम में उसे खो देता है। पर क्या सचमुच वह उसे खोता है? शायद नहीं। नहीं इसलिए क्योंकि 'वाचक' की यह अभिव्यक्ति पहले जीवन के स्रोत से कटी होने के कारण निरर्थक थी। अब उसमें, जन-जन् में मिल जाने के बाद, सकर्मकता आ जाने के बाद, सार्थकता का समावेश हो गया है। कवि-अभिव्यक्ति की सार्थकता इसी में है कि वह सबकी अनुभूति की अभिव्यक्ति बन सके। यही काव्य का सत्य है, उसकी उपलब्धि है।

मुक्तिबोध ने इस कविता में 'रक्तालोक-स्नात पुरुष' के माध्यम से अनेक अर्थगर्भी संकेत दिए हैं। 'रक्तालोक-स्नात पुरुष' मनु मानवीय संस्कृति के विकास के लिए

1. चाँद का मुँह टेढ़ा है–मुक्तिबोध, पृ. 309।
2. कविता के नए प्रतिमान–डॉ. नामवर सिंह, पृ. 231।
3. चाँद का मुँह टेढ़ा है–मुक्तिबोध, पृ. 310।

निरन्तर संघर्ष करनेवाले संस्कृति-पुरुष का प्रतीक है। वह हम सबके अन्तर्मन में विद्यमान है। वह बाहर भी है। बाहर से–यानी समाज से हमारे मन में आकर वह हमें सक्रिय, सकर्मक बनाता है। अन्तर्मन में बैठा हुआ यह पुरुष सकर्मक हो बाहर अभिव्यक्ति पाता है।

"यह संघर्षरत है, इसीलिए उसकी पीठ पर नहीं–वक्ष पर घाव है। वह सकर्मक है, शक्तिपुँज है, किन्तु फटेहाल है क्योंकि वह करुणा से युक्त होकर समाज के शोषितजनों का प्रतिनिधि बनता है, खुद उसे रोटी-पानी का अभाव रहता है। ××× हमारे अपने देशकाल को देखते हुए यह संस्कृति पुरुष मध्यमवर्ग के आदर्शवादी, दृढ़ चरित्र और जीवन की सुविधाओं से समझौता न करनेवाले व्यक्ति का प्रतीक है।"[1]

मुक्तिबोध की यह कविता उनके 'चाँद का मुँह टेढ़ा है' संग्रह की ही सबसे महत्वपूर्ण कविता नहीं है, वरन् उनके अब तक के उपलब्ध काव्य-साहित्य की सर्वाधिक महत्वपूर्ण उपलब्धि है। इस कविता का महत्व इस बात से भी आँका जा सकता है कि मुक्तिबोध के काव्य पर लिखनेवाले अधिकांश विद्वान आलोचकों ने अपने-अपने विचार इस कविता पर व्यक्त किए हैं। 'चाँद का मुँह टेढ़ा है' की भूमिका में शमशेर बहादुर सिंह लिखते हैं, "यह कविता देश के आधुनिक जन इतिहास का, स्वतन्त्रतापूर्व और पश्चात् का एक दहकता इस्पाती दस्तावेज है। इसमें अजब और अद्भुत रूप से व्यक्ति और जन का एकीकरण है। देश की धरती, हवा, आकाश, देश की सच्ची मुक्ति, आकांक्षी नस-नस इसमें फड़क रही है–और भावनाओं के अनेक स्तरों पर।[2] डॉ. प्रभाकर माचवे पिकासो की विश्व-प्रसिद्ध कलाकृति 'गोएर्निका' के समकक्ष मानते हुए इसे 'गोएर्निका इन वर्स' कहते हैं।[3] डॉ. नामवरसिंह 'अँधेरे में' को नई कविता की चरम उपलब्धि स्वीकारते हुए इसे निराला की 'राम की शक्ति पूजा' जैसी काव्य-कृति मानते हैं।[4]

व्यापक सामाजिकता और आत्मग्रस्तता के दायरे

'अँधेरे में' तथा अन्य कविताएँ निस्सन्देह मुक्तिबोध की सामाजिकता के विभिन्न आयामों को प्रस्तुत करती हैं किन्तु इस व्यापक सामाजिकता के साथ-साथ मुक्तिबोध में आत्म-ग्रस्तता भी है। मुक्तिबोध की सामाजिक चेतना और मानवीय पीड़ा के प्रति लगाव, आत्म-चिन्तन की भाषा में ही अभिव्यक्त होता है। यह आत्म-चिन्तन उनकी कविताओं में जिस द्वन्द्व की सृष्टि करता है वह द्वन्द्व कभी-कभी अपनी क्षिप्रता के कारण धुँधला-धुँधला और अस्पष्ट बन जाता है। 'अँधेरे में' कविता का प्रारम्भ तिलस्मी खोह

1. 'संघर्ष पुरुष की स्वप्न कथा' (लेख)–डॉ. विश्वनाथ त्रिपाठी-'गजानन माधव मुक्तिबोध', सं. लक्ष्मणदत्त गौतम–पृ. 194।
2. चाँद का मुँह टेढ़ा है–(भूमिका : शमशेर बहादुर सिंह) मुक्तिबोध, पृ. 28।
3. वही।
4. कविता के नए प्रतिमान–डॉ. नामवरसिंह।

और जिन्दगी के अँधेरे कमरों से होता है जो एक प्रकार की अस्पष्टता लिए हुए है तथा जिसका अर्थ आगे चलकर खुल पाता है। इसी तरह की अस्पष्टता, 'चम्बल की घाटी में', 'जब प्रश्न-चिह्न बौखला उठे', 'नक्षत्र खंड' आदि कविताओं के आरम्भ में भी देखी जा सकती है। वैसे मुक्तिबोध इस अस्पष्टता और धुँधलेपन का प्रयोग प्रतीक रूप में ही करते हैं। पर इसमें भी सन्देह नहीं कि उनकी यह प्रतीक योजना, उनकी कविताओं को किसी सीमा तक दुरूह और जटिल बना देती है। लेकिन यह बात इतनी महत्वपूर्ण नहीं है। महत्वपूर्ण बात यह है कि उनके काव्य में आत्म-ग्रस्तता के तत्व भी हैं! आत्म-ग्रस्तता के ही फलस्वरूप उनकी कविताओं में मार्क्सवादी चिन्तन धारा के साथ-साथ रहस्यवाद और अस्तित्ववाद का प्रभाव भी दृष्टिगत होता है। यह प्रभाव और किस रूप में और किस सीमा तक है यह विवादास्पद है किन्तु यह प्रभाव लक्षित अवश्य होता है।

मुक्तिबोध सामाजिक-पीड़ा की उपेक्षा नहीं कर सकते लेकिन इसके साथ-ही-साथ वे अपने मन की गहराइयों में होनेवाली हलचलों, अनुभूति-तरंगों को भी उपेक्षित नहीं कर पाते थे। उनकी विशेषता यह है कि किसी भी भाव की उपेक्षा नहीं करते और सब कुछ लिए-दिए चलना चाहते हैं, इससे उनकी दृष्टि में पूर्णता तो अवश्य आती है किन्तु वे स्वयं अपनी भावनाओं के जाल में उलझ भी जाते हैं। पाठक तो उलझता ही है।

मुक्तिबोध को अपनी इस उलझन का ज्ञान आरम्भ से ही था। तारसप्तक के वक्तव्य में उन्होंने स्पष्ट लिखा है–"मानसिक द्वन्द्व मेरे व्यक्तित्व में बद्धमूल है। × × × फलतः गुप्त अशान्ति मन के अन्दर घर किए रहती हैं। × × × मेरी ये कविताएँ अपना पथ ढूँढ़नेवाले बेचैन मन की ही अभिव्यक्ति हैं।"[1] मुक्तिबोध में पथ ढूँढ़ने की बेचैनी क्यों है? यह हमें 'चाँद का मुँह टेढ़ा है' की 'मुझे कदम-कदम पर' कविता की इन पंक्तियों से पता चलता है–

मुझे कदम-कदम पर
चौराहे मिलते हैं
बाँहें फैलाए!!
एक पैर रखता हूँ
कि सौ राहें फूटतीं,
व मैं उन सब पर से गुजरना चाहता हूँ;[2]

उपर्युक्त पंक्तियों से यह स्पष्ट हो जाता है कि मुक्तिबोध की बेचैनी का कारण मूलतः पथ का मिलना नहीं है। यह नहीं कि उन्हें राह नहीं मिलती वरन् उनकी परेशानी पथ चुनने की है। उन्हें बेचैनी इस बात की है कि वे किस राह पर चलें, किसे छोड़ दें। उनका मन हर राह पर चलने को करता है। उनकी यही द्विधा उनकी आत्मग्रस्तता का मूल कारण है। पर वे सब कुछ सहेज लेना क्यों चाहते हैं? उनकी चुनाव न कर

1. तारसप्तक–सं. अज्ञेय, पृ. 43।
2. चाँद का मुँह टेढ़ा है–मुक्तिबोध, पृ. 73।

पाने की विवशता क्या है? 'अन्तःकरण का आयतन' शीर्षक कविता में उन्होंने लिखा है–

पर क्या करूँ
यह छाँह मेरी सर्वगामी है।
हवाओं में अकेली साँवली बेचैन उड़ती है[1]

अर्थात् उनकी यह सर्वगामी छाँह है जो उन्हें निरन्तर भटकाती है।

'तारसप्तक' के द्वितीय संस्करण में अपने वक्तव्य का 'पुनश्च' लिखते हुए मुक्तिबोध ने महसूस किया कि–'अचानक अन्तरमुख दशाएँ और भी दीर्घ और गहन होती गईं'।[2] पर इसके आगे वे लिखते हैं–'किन्तु यह भी तथ्य है कि इस आत्मग्रस्तता के बावजूद और शायद उसको साथ लिए-लिए मेरा आत्मसंवेदन समाज के व्यापकतर छोर छूने लगा।'[3]

डॉ. रामविलास शर्मा ने मुक्तिबोध की इस आत्मग्रस्तता की गहरी छानबीन की है। उनके 'धर्मयुग' में प्रकाशित लेख 'मुक्तिबोध' का आत्मसंघर्ष और उनकी कविता' में उन्होंने कई महत्वपूर्ण तथ्य प्रकाशित किए हैं जिनका परीक्षण करना आवश्यक है। प्रस्तुत लेख में डॉ. रामविलास शर्मा ने मुक्तिबोध के 'तार-सप्तक' वाले उपर्युक्त वक्तव्य के 'पुनश्च' का यह अर्थ लगाया कि–'मुक्तिबोध की अन्तरमुख दिशाएँ हैं, अन्तश्चेतना में डूबने के उनके प्रयास, ये दशाएँ गहनतर होती हैं बाहर की दुनिया में मार खाकर अपने भीतर समाज और ब्रह्मांड का रहस्य ढूँढ़ने से। आत्मग्रस्तता का एक रूप है रहस्यवाद, दूसरा रूप है अस्तित्ववाद। आत्मग्रस्तता के बावजूद और उसे साथ लिए हुए मुक्तिबोध के आत्मसंवेदन समाज के व्यापकतर छोर छूते हैं–इसका अर्थ है, वह रहस्यवाद और अस्तित्ववाद से मार्क्सवाद का समन्वय करने का प्रयत्न करते हैं। किन्तु यह समन्वय हो नहीं पाता।'[4]

मुक्तिबोध की कविताओं में रहस्यवादी प्रवृत्ति को रेखांकित करते हुए डॉ. रामविलास शर्मा का कथन है कि ''जिन दिनों पन्त अरविन्द-दर्शन की ओर आकृष्ट हुए, उन्हीं दिनों मुक्तिबोध की कविता में रहस्यवादी रुझान प्रकट हुआ। मुक्तिबोध की प्रतीक (संख्या-2) में छपी 'मुझे पुकारती हुई पुकार' कविता में 'तिमिर विवर में पड़ी हुई अशान्त नागिनी' को डॉ. शर्मा 'कुंडलिनी' मानते हैं। 'कल जो हमने चर्चा की थी' शीर्षक कविता में आए इड़ा, पिंगला, सुषुम्ना, कुंडलिनी, कमल, सूर्यकन्या आदि के जिक्र को डॉ. शर्मा कबीर से लेकर प्रसाद तक के रहस्यवादियों के काव्य में आए इड़ा, पिंगला, सुषुम्ना, कुंडलिनी, कमल से जोड़ देते हैं।

लेख में आगे डॉ. रामविलास लिखते हैं–''मुक्तिबोध की बड़ी इच्छा थी कि ऐसा

---

1. चाँद का मुँह टेढ़ा है–मुक्तिबोध, पृ. 199।
2. तारसप्तक–सं. अज्ञेय, पृ. 75।
3. वही।
4. धर्मयुग–21 दिसम्बर, 1969, पृ. 47।

जीवन दर्शन मिले जिससे समाज ही नहीं, विश्व के सृजन-प्रलय के रहस्य भी एक साथ उद्भासित हो उठें। मार्क्सवाद पूर्ण ज्ञान का दावा नहीं करता। मुक्तिबोध उस ज्ञान से उकता उठे थे जो सतत विकासमान हो। विकासमान होगा तो ज्ञान अपूर्ण भी होगा। उन्हें चाहिए था पूर्ण ज्ञान। ऐसा ज्ञान रहस्यवाद ही दे सकता था।''[1] इसके आगे वे लिखते हैं–''मुक्तिबोध बाहर की दुनिया में जितनी ही मार खाते हैं, उतना ही उनका जादू प्रेमी, भावुक और भोला मन रहस्यवाद की तरफ तेजी से दौड़ता है, कोई ऐसा पत्थर या मणि हाथ आ जाए जिससे अपने और संसार के दुख एक साथ दूर हो जाएँ। समाज और ब्रह्मांड के तमाम रहस्य जो विश्व वैज्ञानिकों के सामने गुप्त हैं, मुक्तिबोध के सामने अचानक स्पष्ट हो जाएँ। तब जीवन की सारी असफलताओं का क्षोभ दूर हो जाए। संघर्ष में फँसकर उन्होंने जो कुछ सहा वह सब सार्थक हो जाए।''[2]

डॉ. रामविलास शर्मा के मतानुसार मुक्तिबोध का रहस्यवाद कबीर या रवीन्द्रनाथ के अप्रतिहत आनन्द-प्रवाहवाले रहस्यवाद से भिन्न है। यह ठीक है कि उनकी कविताओं में प्रकाश और आनन्द सम्बन्धी अनेक परम्परागत प्रतीक मिलते हैं किन्तु मुक्तिबोध का मन अँधेरे से घिरा रहता है वह अँधेरे में प्रकाश की खोज में भटकता है, आनन्द से अधिक उसे अनुभूति होती है, दुख की।[3]

मुक्तिबोध के रहस्यवाद के मूल-तन्तु, दुख या करुणा से परिचित होने के पश्चात् डॉ. रामविलास शर्मा मुक्तिबोध पर फ्रायड के मनोविश्लेषण शास्त्र की चर्चा करके अस्तित्ववादी प्रभाव की स्थापना करते हैं। मुक्तिबोध पर फ्रायड के प्रभाव को दर्शाने के लिए रामविलासजी लिखते हैं–'सन् 47 के बाद उनके मन पर फ्रायड और युंग के मनोविश्लेषणशास्त्र का असर गहरा होता है', फलस्वरूप 'अन्तरमुख दशाएँ और भी दीर्घ और गहन होती गईं।' उपचेतन का संसार अन्धकारमय है। अन्धे कुएँ, बावड़ी, समुद्र की तलहटी, पठारों के गड्ढे–वे तमाम बाह्य दृश्य जिन्हें आत्मसात करके मुक्तिबोध वस्तु-सत्य बनाते हैं, उसी उपचेतन के प्रतीक हैं।''[4] दिमागी गुहान्धकार का औरांग उटांग', 'ओ काव्यात्मन् फणिधर' आदि कविताओं में इसी उपचेतन का चित्रण मुक्तिबोध ने किया है।

'ब्रह्मराक्षस' कविता में ब्रह्मराक्षस के लगातार स्नान करने और मैल के दूर न होने को डॉ. शर्मा कीकेगार्द द्वारा प्रतिपादित मनुष्य की भूलों, अपराध भावना, पाप सम्बन्धी चेतना आदि से जोड़कर मुक्तिबोध पर अस्तित्ववादी प्रभाव की स्थापना करते हैं। डॉ. रामविलास शर्मा 'चम्बल' की घाटी में 'कविता में आए टीले को आधा रहस्यवादी और आधा अस्तित्वादी बताते हैं।' खामोश सिसकियाँ भरनेवाला मन अस्तित्ववादी है तो आन्तरिक प्रकाश से दीप्त होनेवाला मन रहस्यवादी। अर्थात बारी-बारी से मुक्तिबोध का मन रहस्यवादी और अस्तित्वादी भूमिकाएँ निभाता है। टीले के आन्तरिक प्रकाश

1. धर्मयुग–21 दिसम्बर, 1969, पृ. 20।
2. वही।
3. वही, पृ. 21।
4. वही, पृ. 20।

को देखकर मुक्तिबोध का मार्क्सवादी मन टोकता है और टोकने का यह स्वर काफी तेज है। इस मार्क्सवादी मन को शान्त करना बहुत जरूरी है। मुक्तिबोध कहते हैं, भीतर के शैतान से लड़ो, बाहर के शैतान से भी लड़ो।

और इस तरह मुक्तिबोध अस्तित्ववाद-रहस्यवाद और मार्क्सवाद का समन्वय करते हैं जिनकी कई बातें डॉ. रामविलास शर्मा को स्पष्ट नहीं हो पाती हैं। इसलिए वे इस समन्वय को सफल भी नहीं मानते।[1]

डॉ. रामविलास शर्मा द्वारा प्रस्तुत विचार-सूत्रों की तर्क-संगति पर विचार करना अपेक्षित है।

डॉ. रामविलास शर्मा मुक्तिबोध की आत्मग्रस्तता का पहला रूप रहस्यवाद को मानते हैं। उनकी इस स्थापना का आधार है मुक्तिबोध की कविताओं में आई हुई रहस्यवादी शब्दावली तथा ऐसी ज्ञानमणि की खोज जो कि पूर्ण हो तथा जिससे जीवन के समस्त कष्ट दूर हो जाएँ। इस पूर्णता की पटरी मार्क्सवाद से नहीं बैठती है। मार्क्सवाद का आधार है–द्वन्द्वात्मक-भौतिकवाद। यह द्वन्द्वात्मकता सनातन है, निरन्तर विकासमान है। जो वस्तु निरन्तर विकासमान है, वह पूर्ण कैसे हो सकती है क्योंकि पूर्णता विकास की अवरुद्धता का ही नाम है। इसलिए मार्क्सवदी पूर्ण सत्य या चरम सत्य की अवधारणा को स्वीकार नहीं करता है। द्वन्द्वात्मकता के बिना किसी भी वस्तु के अस्तित्व की कल्पना मार्क्सवादी विचारधारा के प्रतिकूल है। मुक्तिबोध की कविताओं में 'अरुण-कमल' की चर्चा है, जो पूर्ण आदर्श या पूर्ण सम्भावनाओं का प्रतीक है। ऐसी 'ज्ञान-मणि' की भी बात है जिसकी प्राप्ति से सब कुछ प्राप्त हो सकता है। इनकी संगति मार्क्सवाद से नहीं बैठती है। यह ठीक है कि मुक्तिबोध में हमें पूर्ण ज्ञान की प्राप्ति की लालसा मिलती है किन्तु इसके साथ ही वे अपने मानसिक द्वन्द्व को भी प्रकट करते हैं। वे विवेक मणियों की, विक्षोभ मणियों की बात करते हैं–जन-जन में प्रतिपल घूमनेवाले संघर्ष पुरुष के प्रतीक 'रक्तालोक-स्नात पुरुष' की बात करते हैं। अतः यह कहना कि मुक्तिबोध रहस्यवादियों के सनातन द्वन्द्वात्मकता से रहित किसी पूर्ण या चरम सत्य की प्राप्ति की ओर अग्रसर होनेवाले रहस्यवादी हैं, एकांगी दृष्टि का परिचायक है। वस्तुतः रहस्यवाद है क्या? रहस्यवाद अन्तःस्फुरित अनुभूति द्वारा परम तत्व अथवा ईश्वर का साक्षात्कार करने की प्रवृत्ति का नाम है।[2] क्या मुक्तिबोध में ऐसी आध्यात्मिक-चेतना है? उत्तर है–नहीं। मुक्तिबोध ईश्वर में विश्वास नहीं करते थे। अपनी 'साहित्यिक डायरी' में उन्होंने लिखा है–'साफ कह दूँ कि मेरा ईश्वर-वीश्वर में कोई विश्वास नहीं।'[3] इससे स्पष्ट है कि मुक्तिबोध ईश्वर या किसी परम-सत्ता से साक्षात्कार करने की इच्छा रखनेवाले रहस्यवादी साधक नहीं थे। दूसरी बात यह कि रहस्यवादी अपने यथार्थ जगत् को सत्य न मानकर उसे त्यागता है। पर हम मुक्तिबोध

1. धर्मयुग–21 दिसम्बर, 1969, पृ. 21 व 47।
2. द्रष्टव्य मानविकी पारिभाषिक कोष–डॉ. नगेन्द्र, पृ. 176।
3. एक साहित्यिक की डायरी–मुक्तिबोध, पृ. 92।

में इससे विपरीत स्थिति पाते हैं। वे अपने यथार्थ से सदैव सम्पृक्त रहना चाहते हैं तथा वे रहे भी। तत्कालीन यथार्थ का जितना समग्र चित्रण हमें मुक्तिबोध में मिलता है उतना किसी अन्य नए कवि में नहीं मिलता। छायावादी कवियों ने सामयिक जीवन की गुत्थियों का समाधान रहस्यवादी अद्वैत दर्शन में ढूँढ़ने का प्रयास किया था किन्तु मुक्तिबोध में हम ऐसा कोई प्रयास नहीं पाते। बल्कि वे हमें अपने परिवेशगत यथार्थ के प्रति अधिक दायित्वपूर्ण लगते हैं। मानव को सुखी, सुन्दर व शोषणमुक्त देखने की लालसा[1] उन्हें रहस्यवादी-पलायन से बचाए रखती है। उनका यह भ्रम कि 'प्रत्येक पत्थर में चमकता हीरा है' हर एक छाती में आत्मा अधीरा है। प्रत्येक वाणी में महाकाव्य पीड़ा है,[2] उन्हें पलायन न करने देकर, प्रत्येक उर में से तिरने और गुजरने की प्रेरणा देता है। जिसकी 'आत्मा में, भीषण/सत्-चित्-वेदना जल उठी'[3] हो उसे जीवन-संघर्ष से दूर कैसे माना जा सकता है। अतः इससे स्पष्ट हो जाता है कि मुक्तिबोध ऐसे रहस्यवादी साधक नहीं हैं जो अपने वस्तु-जगत् से विमुख होकर परम-तत्व से साक्षात्कार करना चाहते हों।

अब हम मुक्तिबोध द्वारा प्रयुक्त रहस्यवादी साधना के विभिन्न पारिभाषिक शब्दों तथा रहस्यात्मक वर्णनों की संगति की ओर आते हैं। उनकी कई कविताओं में हमें हठयोगी रहस्य-साधना के पारिभाषिक शब्द–इड़ा, पिंगला, सुषुम्ना, कुंडलिनी, सहस्रकमल, ज्वालामुखी, ब्रह्मांड आदि मिलते हैं। इसके साथ ही उनकी कविताओं में एकाएक भभक उठनेवाली ज्वाला, अकस्मात् खुल जानेवाले गुहा-द्वार, तिलस्मी खोह, आदि के रहस्यात्मक वर्णन भी हैं। इन वर्णनों के आधार पर उन्हें रहस्यवादी कवि सिद्ध करने की कोशिश की जा सकती है, की गई है। किन्तु ऐसा है नहीं। इन योग-साधना परक शब्दों के रहस्यात्मक प्रयोगों के आधार पर यह भ्रम हो सकता है कि उनकी काव्य-संवेदना का स्वर रहस्यवादी है तथा उपर्युक्त शब्द उनकी रहस्यवादी मनोभावना के द्योतक हैं। लेकिन इन प्रयोगों के पीछे छिपी कवि की अन्तर्दृष्टि को समझ लिया जाए तो मुक्तिबोध हमें रहस्यवादी कवि लक्षित नहीं होंगे।

मुक्तिबोध मूलतः फैन्टेसी के कवि हैं। उनके लिए फैन्टेसी सृजन-प्रक्रिया की एक महत्वपूर्ण इकाई है। अपनी साहित्यिक डायरी में मुक्तिबोध ने लिखा है–"कला का पहला क्षण है जीवन का उत्कृष्ट तीव्र अनुभव-क्षण। दूसरा क्षण है इस अनुभव का अपने कसकते-दुखते हुए मूलों से पृथक हो जाना और एक ऐसी फैन्टेसी का रूप धारण कर लेना मानो वह फैन्टेसी अपनी आँखों के सामने ही खड़ी हो। तीसरा और अन्तिम क्षण है इस फैन्टेसी के शब्द-बद्ध होने की प्रक्रिया का आरम्भ और उस प्रक्रिया की परिपूर्णावस्था तक की गतिमानता।"[4] इस उद्धरण को यहाँ देने का उद्देश्य मात्र इतना

1. चाँद का मुँह टेढ़ा है–मुक्तिबोध, पृ. 162।
2. वही, पृ. 73।
3. वही, पृ. 267।
4. एक साहित्यिक की डायरी–मुक्तिबोध, पृ. 19।

है कि मुक्तिबोध की दृष्टि में, कला, जीवन अनुभव के फैन्टेसी में परिणत होने तथा उस फैन्टेसी के शब्द-बद्ध होने का नाम है। अर्थात् मुक्तिबोध के अनुसार जीवन के वास्तविक अनुभव-क्षणों को फैन्टेसी के माध्यम से ही कविता में अभिव्यक्त किया जा सकता है। स्वयं मुक्तिबोध भी फैन्टेसी के माध्यम से अपने परिवेश की भयानकता तथा मनुष्य की समूची हालत को व्यक्त करते हैं। वे स्वयं को फैन्टेसी में विचरण करता पाते हैं–

मैं विचरण करता-सा हूँ एक फैन्टेसी में
यह निश्चित है कि फैन्टेसी कल वास्तव होगी[1]

मुक्तिबोध को यह विश्वास है कि आज जो कुछ भी फैन्टेसी या अयथार्थ लगता है कल का सत्य वही है। फैन्टेसी का निर्माण करने के लिए वे विभिन्न प्रकार के रहस्यमय शब्दों को ग्रहण करते हैं यही कारण है कि उनकी कविताओं में आद्यन्त एक रहस्यात्मक वातावरण छाया हुआ है जिसके मूल में आतंक, भय, असुरक्षा तथा उत्पीड़न की मार्मिक अनुभूति निहित है। यह रहस्यात्मक वातावरण मूलतः या अन्ततः रहस्यात्मक नहीं है। बल्कि यह एक ऐसे उलझाव को अभिव्यक्ति देने के लिए प्रयुक्त किया गया है जिसने आज के मनुष्य के मन-मस्तिष्क को आक्रान्त किया हुआ है। मुक्तिबोध ने ऐसे अनेक प्रतीकों का प्रयोग किया है जिनका सम्बन्ध योग-साधना से है किन्तु कविता में उनका अर्थ-सन्दर्भ मनुष्य की अवचेतन मनोभूमि से जाकर जुड़ता है। अतः कहा जा सकता है कि मुक्तिबोध की कविताएँ रहस्यात्मक हैं–रहस्यवादी नहीं।

इसी तरह मुक्तिबोध की काव्य-संवेदना अस्तित्ववादी न होकर अस्तित्ववादिता से प्रभावित है। अस्तित्ववादी यह मानकर चलता है कि प्रत्येक वस्तु का अस्तित्व है। 'एवरी थिंग इज़' तब किसको नकारा जाए। प्रत्येक वस्तु को सहेजने की इच्छा होती है। प्रत्येक क्षण को अस्तित्ववादी महत्वपूर्ण मानता है। ऐसी स्थिति में चुनाव की समस्या पैदा होती है। मुक्तिबोध के सामने भी यह स्थिति और द्विधा है–

एक पैर रखता हूँ
कि सौ राहें फूटती
व मैं उन सब पर से गुजरना चाहता हूँ[2]

सब राहों पर से गुजरने की जिजीविषा उन्हें भटकाती है। अस्तित्ववादी मानता है कि मनुष्य के निर्माण के मूल में कोई प्रयोजन नहीं है। मनुष्य को उसकी इच्छा के बिना ही इस संसार में धकेल दिया गया है। इस संसार में आने के बाद यह मनुष्य का कार्य है कि वह अपने जीवन के अर्थ और प्रयोजन का निर्णय स्वयं करे। मुक्तिबोध कहते हैं–

मुझे नहीं मालूम
सही हूँ या गलत हूँ या और कुछ,

---

1. चाँद का मुँह टेढ़ा है–मुक्तिबोध, पृ. 118।
2. वही, पृ. 73।

सत्य हूँ कि मात्र मैं निवेदन सौन्दर्य।

× × ×

मेरी नहीं कोई कहीं कोशिशें,
न कोई निज-तड़ित-शक्ति वेदना।
कोई किसी अदृश्य अन्य-द्वारा नियोजित
गतियों का गणित हूँ।
प्रवृत्ति-सत्य के सच में
गलतियाँ करने से डरता,
मैं भटक जाने से भयभीत।
यन्त्रबद्ध गतियों का ग्रह-पथ त्यागने में असमर्थ
अयास, अबोध निरा सच मैं।[1]

अस्तित्ववादी विचारधारा का प्रस्थान-बिन्दु मनुष्य की अवश तथा निरुपाय स्थिति है। उपर्युक्त पंक्तियों में मुक्तिबोध 'यन्त्रबद्ध गतियों का ग्रह पथ त्यागने में' असमर्थ कहकर अपनी इसी असहाय सामर्थ्यहीन स्थिति की ओर संकेत करते हैं।

मनुष्य बाह्य और आन्तरिक दोनों ही स्थितियों में असहाय और असमर्थ है। उसने न तो बाह्य प्रकृति का निर्माण किया है और न आन्तरिक प्रकृति का, किन्तु उसे लड़ना दोनों से ही पड़ता है। बाह्य प्रकृति में वह बाढ़, तूफ़ान, महामारी आदि से लड़ता है तो आन्तरिक प्रकृति में वह अपने अवचेतन में निहित कुंठाओं आदि से लड़ता है। बाह्य और आन्तरिक प्रकृति, दोनों ही मूलतः अव्यवस्थित होती हैं। मुक्तिबोध की कविताओं में आन्तरिक और बाह्य प्रकृति की अव्यवस्था अनेक स्थानों पर अभिव्यंजित हुई है।

'अँधेरे में' कविता में यह आन्तरिक और बाह्य अव्यवस्था अपनी पूर्ण संश्लिष्टता में प्रकट हुई है, तथा इसने मुक्तिबोध के शिल्प को भी प्रभावित किया है। जैसे कहीं-कहीं ऐसी पंक्तियाँ कविता के बीच में आ गई हैं जिनकी अर्थ-संगति कविता के प्रवाह में नहीं बैठती। जैसे आकाश में तॉलस्तॉय का दिखाई पड़ना, कहीं रेल एक्सीडेंट न हो जाए या कि यह व्यक्ति कोई और है जो 'वाचक' के अनलिखे उपन्यास का केन्द्रीय संवेदन है आदि की अर्थ-संगति स्पष्ट नहीं हो पाती है। यहाँ कुछ 'ऑटोमेटिक राइटिंग' या 'चेतना-प्रवाह' शैली का प्रभाव मालूम पड़ता है।

डॉ. रामविलास शर्मा 'ब्रह्मराक्षस के लगातार स्नान करने को कीर्केगार्द द्वारा प्रतिपादित पाप या अपराध भावना से ग्रस्त व्यक्ति की क्रिया से जोड़ते हैं तथा 'चम्बल की घाटी में' टीले को आधा-अस्तित्ववादी मानते हैं। इस सन्दर्भ में जगदीश शर्मा के निम्न शब्द द्रष्टव्य हैं। उनके अनुसार–"शहर से दूर खंडहर की तरफ परित्यक्त सूनी बावड़ी में रहनेवाला ब्रह्मराक्षस जन-जीवन से घृणा करनेवाली या जनभीत आत्मग्रस्तता का वाचक न होकर उस अन्तर्वर्ती कट्टर आदर्शवादिता का प्रतीक है जो समझौता

1. चाँद का मुँह टेढ़ा है–मुक्तिबोध, पृ. 73।

परस्ती को किसी दशा में स्वीकार नहीं कर पाता और इसलिए 'दशमलव बिन्दुओं' के सर्वत पसरे हुए उलझे गणित-मैदान में मारा जाता है।' पापछाया दूर करने के लिए उसका देह घिसना और फिर भी मैल का अन्त न आना अस्तित्ववादी पाप-परिताप से भिन्न अभिप्राय का वाचक है। इसका सीधा संकेत आदर्शवादी चरमता की ओर है।''[1]

'चम्बल की घाटी में' कविता के सन्दर्भ में ओमप्रकाश ग्रेवाल का कहना है कि ''अवरुद्ध व्यक्तित्व की जड़ीभूत सतह के पीछे जो भय और चिन्ता की लहरें चलती रहती हैं, शून्य छटपटाते हुए उद्देश्यों से तथा थमे हुए आवेगों से जो आन्तरिक अव्यवस्था बनी रहती है, उसका चित्रण 'चम्बल की घाटी में' कविता में के 'कटे हुए पठारों में होनेवाली हलचल के माध्यम से किया गया है। + + + इस प्रकार टीले के भीतर और बाहर होनेवाली घटनाएँ एक निजबद्ध व्यक्ति से मनस्तत्व की परतों को उघाड़ती चलती हैं।[2] जबकि अस्तित्ववादी विचारधारा का व्यक्ति अपने को असहाय व अवश मानकर निज की कारा में बद्ध हो जाता है। लेकिन हम मुक्तिबोध में निरन्तर यह प्रवृत्ति पाते हैं कि वे जड़ता को तोड़ते चलते हैं उसमें बद्ध नहीं होते। यही सक्रियता तथा कर्मण्यता उनकी काव्य-संवेदना को किसी वाद विशेष में बँधने नहीं देती। यह ठीक है कि उन पर रहस्यवाद, अस्तित्ववाद तथा मार्क्सवाद का प्रभाव है, लेकिन उन्हें इन प्रभावों के आधार पर रहस्यवादी, अस्तित्ववादी या मार्क्सवादी सिद्ध करना उनकी काव्य-संवेदना के केन्द्रीय-सूत्र को झुठलाना है। वस्तुतः''मुक्तिबोध ने समकालीन सच्चाई की भयानकता को पकड़ने के लिए ऐसे औजारों का जो अस्तित्ववादी जान पड़ते हैं और सच्चाई को समझने के लिए मार्क्सवादी विश्लेषण और धारणाओं का इस्तेमाल किया लेकिन इसलिए उनके कृतित्व को मार्क्सवादी या अस्तित्ववादी या दोनों ही करार देना उचित नहीं है।''[3]

आचार्य नन्ददुलारे वाजपेयी मुक्तिबोध के सम्बन्ध में लिखते हैं कि–''उन्हें सन्तुलित मार्क्सवादी नहीं कहा जा सकता क्योंकि मार्क्सवादियों का तटस्थ दर्शन और विवेचन उनके काव्य की विशेषता नहीं है। वे अन्ततः वैयक्तिक प्रतिक्रियाओं के अभिव्यंजक कवि हैं।''[4] इन पंक्तियों में आचार्य नन्ददुलारे वाजपेयी की प्रवृत्ति मुक्तिबोध को व्यक्तिवादी कवि सिद्ध करने की मालूम होती है। पर मुक्तिबोध की काव्य-संवेदना के समग्र अध्ययन से बात एकदम साफ हो जाती है कि उनकी काव्य-संवेदना के मूल में 'व्यक्ति' न होकर 'मानव' है। ऐसा मानव जो सामाजिकता से युक्त है। जो संघर्षरत है।

समग्रतः मुक्तिबोध के काव्य का विस्तृत अध्ययन करने के उपरान्त, यह कहा जा

---

1. मुक्तिबोध का आत्म-संघर्ष : अपर पक्ष : जगदीश शर्मा (लेख) आलोचना–(त्रैमासिक), जुलाई-सितम्बर, 1970, पृ. 34-35।
2. आलोचना (त्रैमासिक), अप्रैल-जून 1971, पृ. 36।
3. फिलहाल–अशोक वाजपेयी, पृ. 139-40।
4. धर्मयुग, 6 अगस्त 1967, पृ. 38।

सकता है कि मुक्तिबोध की काव्य-संवेदना की निर्मिति उनके युग और व्यक्तित्व के अन्त-संघर्ष से सम्पन्न हुई है। उनका 'आत्मबोध' बाह्य वस्तुजगत् के 'यथार्थ बोध' से असम्पृक्त नहीं है। यही कारण है कि उनकी कविताओं में एक सघन मानवीय नियति को लेकर मर्मान्तक तनाव आद्यंत विद्यमान है। उनकी कविताओं में बिखरा हुआ यथार्थ परिवेश और उससे आबद्ध कवि का संघर्ष, किसी अकेले और एकान्तप्रिय व्यक्ति का संघर्ष न होकर पूरी-की-पूरी जागरूक पीढ़ी का मानवीय अस्तित्व के लिए चलनेवाला संघर्ष है। यही उनका मानवतावाद है।

मुक्तिबोध की काव्य-संवेदना का केन्द्र : मध्यवर्ग का संघर्षरत मानव

मुक्तिबोध की काव्य-संवेदना का प्रसार सामान्य-से-सामान्य व्यक्ति की वेदना को सहेजता चलता है। यही कारण है कि उन्हें 'सत् चित् वेदना' का कवि कहा जाने लगा है। उनकी कविताओं में पहली बार निम्नमध्यवर्गीय जीवन का समग्र चित्रण हुआ है। निम्न मध्यवर्गीय व्यक्ति के आदर्श और यथार्थ में होनेवाला संघर्ष उनकी कविता का केन्द्रीय-कथ्य है। निम्न मध्यवर्ग जो है और जो होना चाहता है इसी का द्वन्द्व उनकी अनेक कविताओं में मुखरित हुआ है।

मानव और समाज को सुखी और शोषण मुक्त देखने के लिए मुक्तिबोध सभी कुछ समेट लेना चाहते हैं। इसी कारण उनकी काव्य-संवेदना में अन्तर्विरोध दिखाई पड़ता है लेकिन अन्तर्विरोधों के रहते हुए भी कवि महान हो सकता है बशर्ते कि वह अपने अन्तर्विरोधों को पहचाने और उन्हें दूर करने का प्रयास करे। यह बात दूसरी है कि उसे अपने प्रयासों में सफलता मिलती है या नहीं। इसकी अनिवार्य-माँग हम कवि से नहीं कर सकते। और मुक्तिबोध अपने अन्तर्विरोधों को दूर करने के लिए सक्रिय हैं, इसलिए वे कहते हैं–

मेरे इस साँवले चेहरे पर कीचड़ के धब्बे हैं,
दाग हैं,
और इस फैली हुई हथेली पर जलती हुई आग है,
अग्नि विवेक की।
नहीं, नहीं, वह-वह जो है ज्वलन्त सरसिज!!
जिन्दगी के दलदल-कीचड़ में धँसकर
वक्ष तक पानी में फँसकर
मैं वह कमल तोड़ लाया हूँ–
भीतर से इसीलिए, गीला हूँ
पंक से आवृत्त,
स्वयं मैं धनीभूत[1]

1. चाँद का मुँह टेढ़ा है–मुक्तिबोध, पृ. 129।

जो कवि जिन्दगी की दलदल और कीचड़ में फँसकर विवेक के 'ज्वलन्त सरसिज को' तोड़ लाने में समर्थ हैं उसे जीवन से विमुख, आत्मग्रस्त नहीं माना जा सकता। यह तो उनकी सक्रियता है, कर्मण्यता है, जीवन में संघर्षरत रहने का प्रमाण है। जिसकी हथेली पर विवेक की जलती हुई आग रखी हुई है वह व्यक्ति आत्मग्रस्त कैसे हो सकता है। संघर्ष में विश्वास करनेवाले कवि मुक्तिबोध की काव्य-संवेदना आलोकमयी है। उसमें नव-निर्माण की आकांक्षा है, विश्वास भी है। अतः मुक्तिबोध की काव्य-संवेदना में लक्षित होनेवाले अन्तर्विरोध भी एक सर्जनात्मक धरातल पर आधृत प्रतीत होते हैं। अन्तर्विरोधों की यह सर्जनात्मकता ही मुक्तिबोध की काव्य-संवेदना को अनुभूति की नई तराश प्रदान करती है और उसका सम्बन्ध जन-मन से जोड़ देती है–

गन्ध के सुकोमल मेघों में डूबकर
प्रत्येक वृक्ष से करता हूँ पहचान
प्रत्येक पुष्प से पूछता हूँ हाल-चाल,
प्रत्येक लता से करता हूँ सम्पर्क!![1]

---

1. चाँद का मुँह टेढ़ा है–पृ. 88।

काव्य-संवेदना का भाषिक रचाव : शिल्प का वैशिष्ट्य

काव्य-संवेदना का भाषिक रचाव हमें कवि की अनुभूति की सच्चाई, गहराई और मौलिकता तक पहुँचाता है। काव्य संवेदना या काव्यानुभूति, भाषा का, शब्द का, माध्यम ग्रहण करके ही अभिव्यक्ति पाती है। काव्यानुभूति का भाषिक-रूप जहाँ उसे सहृदय संवेद्य बनता है वहाँ कवि भी अनुभूति की पहचान भी भाषा के माध्यम से ही होती है। उसका चिन्तन-सर्जन भाषा द्वारा ही सम्पन्न होता है। इसलिए भाषा को अनुभूति से अलग नहीं किया जा सकता। कविता के रूप में हमारे समक्ष जो कुछ भी प्रस्तुत होता है वह भाषा के माध्यम से अनुभूति की अभिव्यक्ति न होकर अनुभूति का भाषा में रूपान्तरण है। जब भाषा और अनुभूति अलग नहीं है तब भाषा की कमजोरी अनुभूति की कमजोरी बन जाती है और अनुभूति की कमजोरी भाषा की कमजोरी बन जाती है। इसलिए किसी कवि की काव्य-संवेदना या काव्यानुभूति का अध्ययन उनकी भाषिक-संरचना के अध्ययन के बिना अधूरा ही समझा जाएगा।

वस्तुतः किसी कवि की काव्यानुभूति की भाषिक संरचना का अध्ययन उसके शिल्प-वैशिष्ट्य का अध्ययन ही होता है। यह इसलिए कि काव्य-भाषा सामान्य-भाषा से अलग होती है। इस अलगाव का कारण भाषा की शिल्पगत बारीकी होती है। उसकी प्रतीकात्मकता और बिम्बात्मकता होती है। सामान्य भाषा का लक्ष्य जहाँ मन्तव्य का अभिधेयात्मक सम्प्रेषण होता है, वहाँ काव्य-भाषा की प्रकृति संकेतात्मक होती है। वह वर्णन नहीं करती है वरन् अर्थ की सांकेतिक प्रतीति ही उसका लक्ष्य होता है। अर्थ की सांकेतिक प्रतीति कराने के लिए भाषा प्रतीक और बिम्ब का आश्रय ग्रहण करती है। प्रतीक जहाँ भाषा की सांकेतिक-शक्ति को प्रखर बनाते हैं वहाँ बिम्ब उसमें चित्रात्मकता का समावेश कर उसकी सौन्दर्य-शक्ति को बढ़ाते हैं। भाषागत प्रवाह को संयमित करने का कार्य छन्द करते हैं। अतः किसी कवि की काव्यानुभूति की भाषिक-संरचना के अध्ययन का तात्पर्य उसकी सार्थक शब्द-चयन की सामर्थ्य व सजगता के साथ-ही-साथ उसके शिल्प-वैशिष्ट्य का भी अध्ययन है जिसके अन्तर्गत प्रतीक, बिम्ब, छन्द आदि का अध्ययन समाविष्ट है।

मुक्तिबोध की काव्य-भाषा का विकास

मुक्तिबोध की काव्य-भाषा का अध्ययन-विश्लेषण यदि उनकी काव्य-रचना के ऐतिहासिक

विकास क्रम में किया जाए तो हमें उनकी काव्य-भाषा पर छायावादी और छायावादोत्तर काव्य-भाषा का स्पष्ट प्रभाव दृष्टिगत होता है। छायावादी कवियों ने द्विवेदी-युगीन इतिवृत्तात्मक काव्य-भाषा के मुकाबले अपनी काव्य-भाषा को यत्नपूर्वक 'काव्यात्मक' बनाया था। इसीलिए छायावादी काव्य-भाषा जल्दी ही रूढ़ि और कृत्रिम बन गई। वे ये मानकर चले कि कविता लिखने में 'काव्यात्मक' शब्दों का अधिकाधिक व्यवहार होना चाहिए और ये काव्यात्मक शब्द कोमल, प्रांजल व श्रुतिमधुर माने गए। आरम्भ में छायावादी कवियों की भाषा अपनी सर्जनात्मकता में अप्रतिम थी। पर वह शीघ्र ही एक-सी शब्दावली के एक ही सन्दर्भ में प्रयुक्त होने के कारण असमर्थ होती चली गई और ये छायावादी कवि जल्दी ही 'मधु-मधु', 'लोल-लोल' में बह गए। इन कवियों ने अपनी सर्जनात्मक शक्ति की अपेक्षा शब्दों की बनी-बनाई सर्जनात्मक शक्ति पर अधिक भरोसा किया। फलतः एक सीमा के बाद अश्रु, सजनी, क्षितिज, आली, तम, मधुवन, निर्झर जैसी शब्दावली प्रायः रूढ़ि और निरर्थक हो गई। केवल निराला ने भाषा को अधिक प्रकृत और सही रूप में पहचाना, सर्जनात्मकता का स्रोत शब्द में न मानकर शब्द-प्रयोग में अधिक माना।

प्रगतिवादी कवियों ने सामान्य शब्दों का प्रयोग करके काव्य-भाषा को नया आयाम देने की चेष्टा की, लेकिन उनके द्वारा प्रयुक्त सामान्य शब्द कोई विशिष्ट सर्जनात्मक भूमिका नहीं निभा पाए। वस्तुतः प्रगतिवादियों ने शब्दों का सीधा, अभिधापरक प्रयोग ही अधिक किया। यही कारण है कि उनकी अधिकांश कविताएँ नारेबाजी लगती हैं या वक्तव्य। यह समस्या व्यक्तिपरक काव्य-धारा के कवियों में भी थोड़ी-बहुत मिलती है। इस क्रम में प्रयोगवादी कवियों ने अवश्य भाषा के सर्जनात्मक प्रयोग की ओर ध्यान दिया। अज्ञेय ने घोषित किया–"ये उपमान मैले हो गए हैं, देवता इन प्रतीकों के कर गए हैं कूच।"[1]

'तारसप्तक' काव्य-भाषा का एक नया तेवर लेकर आया। कहना चाहिए कि इस संकलन के कवियों में भाषा के प्रयोग को लेकर एक सजगता है। श्रीकान्त वर्मा के शब्दों में 'तारसप्तक' एक सही शुरुआत था। वह भाषा के कर्त्तव्यों को पहचानने का हिन्दी कविता में पहला प्रयत्न था। भाषा और अनुभव दो अलग चीजें नहीं बल्कि एक ही चीज हैं, इस तथ्य को पहली बार 'तारसप्तक' ने ही पहचाना था।"[2]

मुक्तिबोध की 'तारसप्तक' में संगृहीत आरम्भिक कविताओं की भाषा पर छायावादी व छायावादेत्तर काव्य-भाषा का संस्कार स्पष्टतः परिलक्षित होता है। पर यह केवल प्रभाव रूप में ही है। भाषा की आन्तरिक बुनावट से उसकी गहरी सम्पृक्ति नहीं है। यह स्वाभाविक भी था। अपनी पूर्व प्रचलित काव्य-भाषा के संस्कार से एकदम बच पाना बड़ा मुश्किल होता है। बल्कि कहना चाहिए कि कवि अपने ऊपर उस प्रभाव को परिलक्षित करके ही उससे मुक्ति पाने का प्रयास करता है। मुक्तिबोध भी इस प्रक्रिया

1. हरी घास पर क्षण भर-अज्ञेय, पृ. 57।
2. मुक्तिबोध की सार्थकता (लेख), श्रीकान्त वर्मा, आलोचना (त्रैमासिक), जुलाई-सितम्बर, 1968

से गुजरे हैं। और उनकी काव्य-भाषा निरन्तर विभिन्न प्रभावों से मुक्त होती हुई अपना विशिष्ट स्वरूप बनाने में सफल हुई है। 'चाँद का मुँह टेढ़ा है' की काव्य-भाषा इस बात को प्रमाणित करती है।

मुक्तिबोध की आरम्भिक कविताओं पर छायावादी प्रभाव को दर्शाते हुए डॉ. रामविलास शर्मा ने अपने लेख 'नई कविता : तारसप्तक से पहले' में मुक्तिबोध की 'विश्ववाणी' (अगस्त 1961) में प्रकाशित इस कविता को उद्धृत किया है–

वर्षा के बिखरे श्यामल
मेघों पर रक्त किरण धारा-सी!
जीवन आलोकित करती है
निश्चित भव्य सतत् ज्वाला-सी–
कोटि-कोटि नारी-वक्षों की
जिनमें मधुमय रूप ज्वाला,
उससे कहीं अधिक सम्मोहक
रवि की सान्ध्य सुनहली माला
उसके अन्तर में जलती है
एक सुदूर स्वप्न-सी सन्तत
जीवन एक मधुर ज्वाला है
चिर स्वतन्त्र, व्योमोन्मुख, उन्नत ?[1]

इसी तरह सन् 43 में प्रकाशित 'तारसप्तक' में संगृहीत 'व्यक्तित्व और खंडहर' शीर्षक कविता की ये पंक्तियाँ भी किसी छायावादी कवि की रचना मालूम होती हैं–

तम आवरण में लुप्त झरती धार के घाट पर
रागिनी में म्लान-तन-मन-करुण-रोदन-गीत
भर चला जाता विपन के पात पुष्पों में प्रकम्पन
शिथिल उर गम्भीर सिहरन।[2]

तत्सम शब्दों का बहु-प्रयोग छायावादी-पदावली की एक महत्वपूर्ण विशेषता है। मुक्तिबोध की शुरू की कविताओं में यह प्रभाव बहुतायत में दृष्टिगत होता है। यथा–

शुभ्रारुण किरणों से बिम्बित
रजत-नील सर उत्कट उज्ज्वल
जिसमें अनलोर्मिल,
कमल खिले हैं वे रक्तोत्पल[3]

'तारसप्तक' में संगृहीत मुक्तिबोध की कविताओं में अनेक ऐसे शब्द मिल जाएँगे जिनका प्रयोग छायावादी कवि निरन्तर अपनी कविताओं में कर रहे थे।

---

1. साप्ताहिक हिन्दुस्तान–18 मई, 1969, पृ. 11।
2. तारसप्तक–सं. अज्ञेय, पृ. 70।
3. वही, पृ. 69।

मुक्तिबोध ने भी वे शब्द लगभग उसी अर्थ में अपनी कविताओं में प्रयोग किए हैं। कुछ उदाहरण प्रस्तुत हैं–'स्वर्ण-स्पर्श', 'जीवन-नभ', 'मेरा गात शिथिल हिम-शीतल', 'मर्म-ज्वाल', इत्यादि।

'चाँद का मुँह टेढ़ा है' में संगृहीत 'मुझे पुकारती हुई पुकार'[1] शीर्षक कविता (जो पहले प्रतीक संख्या-2, पावस अंक, सन् 1947 में प्रकाशित हुई थी) में भी भाषा का यह छायावादी रुझान मौजूद है किन्तु अन्य कविताएँ अपना वैशिष्ट्य बनाने में सफल हुई हैं।

काव्य-भाषा के छायावादी रुझान से मुक्ति पाने की आकांक्षा मुक्तिबोध में आरम्भ से ही मिलती है। 'तारसप्तक' की 'अशक्त' कविता में, मुक्तिबोध जैसे छायावादियों को सम्बोधित कर, 'हम न गा सकते तुम्हारा गीत हैं' कहते प्रतीत होते हैं। इसका कारण भी है क्योंकि उन्हें यह सब 'सतह की चीज़' लगती है। दूसरी बात यह कि–

अर्थ-खोजी प्राण ये उद्दाम हैं,
अर्थ क्या है? यह प्रश्न जीवन का अमर
क्या तृष्णा मेरी बुझेगी इस तरह?
अर्थ क्या है? ललकार मेरी है प्रखर।[2]

मुक्तिबोध के प्राण 'अर्थ-खोजी' हैं। उनकी मुख्य चिन्ता 'अर्थ-प्राप्ति' की है। शब्द को चुनौती दिए बिना अभीसिप्त अर्थ नहीं मिल सकता, यह मुक्तिबोध जानते हैं। सार्थक-अर्थ की प्राप्ति उनके लिए जीवन के प्रश्न से अलग नहीं है। अर्थ है तो जीवन है। अन्यथा सब निरर्थक है। वास्तव में 'सार्थक अर्थ-प्राप्ति ही कवि जीवन की साधना है। जो 'अर्थवान शब्द का साधक नहीं है', अज्ञेय के शब्दों में–'वह कवि नहीं है, न होगा।[3]

कवि मुक्तिबोध की अर्थवान-शब्द की साधना 'तारसप्तक' से आरम्भ होती है और 'चाँद का मुँह टेढ़ा है' में पूर्ण उत्कर्ष को प्राप्त हो जाती है लेकिन समाप्त नहीं होती। उनकी अभिव्यक्ति की खोज जारी रहती है। वे अपनी 'आत्मसम्भवा अभिव्यक्ति' को खोजते ही रह जाते हैं।[4]

मुक्तिबोध की काव्य-भाषा के हमें कई स्तर प्राप्त होते हैं। काव्य-भाषा के छायावादी रुझान की बात हम ऊपर कर आए हैं। यह उनकी काव्य-भाषा का एक स्तर है जो प्रारम्भिक अवस्था में अधिक सक्रिय था तथा मुक्तिबोध धीरे-धीरे उससे मुक्त होकर भाषा के नए रूप को प्राप्त करने में सफल हुए। काव्य संवेदना की प्रकृति विकसनशील होती है। फलतः काव्य-संवेदना के भाषिक रूपान्तरण की प्रक्रिया में भाषा भी तद्नुरूप अपना आकार-प्रकार बदल लेती है यही भाषा की सर्जनशीलता भी है। कवि

1. चाँद का मुँह टेढ़ा है–मुक्तिबोध, पृ. 68।
2. तारसप्तक–सं. अज्ञेय, पृ. 53।
3. वही, पृ. 309।
4. चाँद का मुँह टेढ़ा है–मुक्तिबोध, पृ. 310।

मुक्तिबोध की काव्य-संवेदना भी निरन्तर परिष्कृत होती रही है। अतः उनकी भाषा के कई स्तर होना स्वाभाविक ही है।

तत्सम शब्दावली से तद्भव शब्दावली की ओर

मुक्तिबोध की आरम्भिक काव्य-भाषा की तुलना जब 'चाँद का मुँह टेढ़ा है' की काव्य-भाषा से की जाती है तो उसमें गुणात्मक अन्तर दृष्टिगोचर होता है और यह अन्तर है उनका निरन्तर तद्भव शब्दावली के प्रयोग की ओर बढ़ना। 'तारसप्तक' की कविताओं में हमें तत्सम सामाजिक पदावली के दर्शन होते हैं पर 'चाँद का मुँह टेढ़ा है' तक पहुँचकर मुक्तिबोध की पदावली में तद्भव शब्दों का प्रयोग ही अधिक मात्रा में मिलता है। यहाँ तद्भव शब्दावली का अर्थ भी जान लेना संगत होगा। इस तद्भव शब्दावली का अर्थ लोक शब्दावली ही नहीं है। वस्तुतः लोक जीवन के शब्द किन्हीं विशिष्ट सन्दर्भों से बँधे रहते हैं, जबकि तद्भव शब्द किसी भी सामान्य सन्दर्भ में प्रयुक्त हो सकते हैं। तद्भव शब्दावली एक प्रकार से भाषा के उस आदर्श-सन्तुलन की स्थिति है, जो तत्सम, विदेशी, लोक-प्रचलित या कि देशज शब्दों से भी अलग जाकर उन्हीं के केन्द्र में से उभरती है। तद्भव शब्द में पाठक का अपना जातीय संस्कार अधिक निहित होने के कारण उस पर आधारित बिम्ब को ग्रहण करने और उसे पुनःसर्जित करने की प्रक्रिया में वह अधिक सक्रिय हो पाता है और रचनाकार तद्भव शब्द के प्रयोग से अपने सम्प्रेष्य को सही दिशा-संकेत दे पाता है, क्योंकि तत्सम शब्दों का अर्थ-संचरण कोश पर अधिक निर्भर करता है जबकि तद्भवों का लोक-व्यवहार पर। लोक शब्दावली का प्रयोग जहाँ ग्रामीण अंचल से जुड़ा होता है वहाँ तत्सम शब्द अधिकतर शिष्ट और नागरिक भाव धारा से जुड़े होते हैं। इसके विपरित तद्भव शब्दावली जीवन को विभिन्न क्षेत्रों व धाराओं में न बाँटकर उसे सम्पूर्णता में लेती है–इसीलिए भाषिक शक्ति का मुख्य स्रोत वही है, जनतन्त्र के इस युग में तो और भी अधिक है। जनतन्त्री भावधारा के अनुकूल ही तद्भवों के माध्यम से आधुनिक रचना में महनीय के स्थान पर सामान्य अकिंचन की प्रतिष्ठा होती है। अमहत्वपूर्ण समझी जानेवाली मानवीय स्थितियों की संगति विवृत होती है।[1] इसका एक अच्छा उदाहरण मुक्तिबोध की 'अँधेरे में' के उस अंश में मिलता है जहाँ क्रान्ति करने में सामान्य जन भी अपनी-अपनी सामर्थ्य से योगदान देते हैं–

दादा का सोटा भी करता है दाँव-पेंच
नाचता है हवा में
गगन में नाच रही कक्का की लाठी।
यहाँ तक कि बच्चे की पें-पें भी उड़तीं,

---

1. अज्ञेय और आधुनिक रचना की समस्या–डॉ. रामस्वरूप चतुर्वेदी, पृ. 53-55।

तेजी से लहराती घूमती है हवा में
सलेट-पट्टी।[1]

इसी तरह 'मुझे याद आते हैं' कविता की यह पंक्तियाँ देखिए—

रास्ते पर आते जाते दीखते हैं
लठ-धारी बूढ़े से पटेल बाबा
ऊँचे से किसान दादा
वे दाढ़ी-धारी देहाती मुसलमान चाचा और
बोझा उठाए हुए
माएँ, बहनें, बेटियाँ—
सबको ही सलाम करने की इच्छा होती है,
सबको राम-राम करने को जी चाहता है[2]

भाषिक स्तर पर जन-साधारण से जुड़े रहने के कारण तद्भव शब्दावली में अनुभूति का आडम्बर व्यक्त होने की सम्भावना कम रहती है। तद्भव शब्दों का प्रयोग विशिष्ट क्षणों को ही नहीं सामान्य से क्षण को भी सहेजता है। इसीलिए वह जीवन को कहीं अधिक समग्र रूप में अंकित कर जाने में सफल भी होता है। 'जब प्रश्न चिह्न बौखला उठे' शीर्षक कविता की ये पंक्तियाँ उपर्युक्त कथन को प्रमाणित करती हैं—

झुरमुर-झुरमुर वह नीम हंसा
चिड़ियाँ डोली,
फर-फर आँचर तुमको निहार
मानो कि मातृभाषा बोली—
जिससे गूँजा यों घर आँगन
खनके मानो बहुओं की चूड़ी के कँगन।[3]

यहाँ 'झुरमुर-झुरमुर नीम', 'फर-फर आँचर', 'चूड़ी के कँगनों की खनक' आदि शब्द संकेत देते हैं कि कवि जो बात कहना चाहता है उसकी स्थिति कहीं ग्रामीण जीवन में है। उनकी कविताओं में मिलनेवाले अनेक शब्द, यथा—लत्तर, तलक, कनटोप, कन्दील, सियाह, हुलसी, बहना, अकुलाई, संवलाई आदि, मुक्तिबोध की काव्य-भाषा को सामान्य जन-जीवन से अनायास ही जोड़ देते हैं। इसके साथ-ही-साथ जब मुक्तिबोध नगरीय-संवेदना का चित्रण करते हैं तो उनकी भाषा का तेवर और शब्द-चयन भी स्वतः बदल जाता है। नगर के फैशनेबुल इलाके में फैली हुई चाँदनी का चित्रण करते हुए कवि की भाषा फैशनेबुल शब्दों को ग्रहण करती है—

खूबसूरत अमरीकी मैगजीन-पृष्ठों-सी
खुली थी,

1. चाँद का मुँह टेढ़ा है—मुक्तिबोध, पृ. 305।
2. वही, पृ. 82।
3. वही, पृ. 167।

नंगी-सी नारियों के
उघरे हुए अंगों के
विभिन्न पोजों में
लेटी थी चाँदनी
सफेद
अंडरवीयर-सी, आधुनिक प्रतीकों में,
फैली थी।
चाँदनी।[1]

तथाकथित सम्भ्रान्त वर्ग के विशिष्ट चरित्र को उभारने के लिए मुक्तिबोध अंग्रेजी–शब्दों को भी निस्संकोच ग्रहण करते हैं। 'मैं तुम लोगों से दूर हूँ', कविता में मुक्तिबोध ने जहाँ एक ओर सुविधापरस्त लोगों को चित्रित करने के लिए अंग्रेजी शब्द प्रयोग किए हैं वहीं सामान्य का चित्रण करते हुए उनकी भाषा, लोक-भाषा के स्तर पर आ जाती है। विशिष्ट और सामान्य को एक साथ विभिन्न शब्दों में चित्रित करने से मुक्तिबोध की काव्यभाषा में एक खास किस्म की प्रखरता आ गई है जो दोनों ही प्रकार की संवेदनाओं को पाठक तक पहुँचाने में सफल रहती है। उदाहरण के लिए कुछ पंक्तियाँ प्रस्तुत हैं–

रिफ्रीजटरों, विटैमिनों, रेडियोग्रामों के बाहर की
गतियों की दुनिया में
मेरी वह भूखी बच्ची मुनिया है शून्यों में
पेटों की आँतों में न्यूनों की पीड़ा है

× × ×

मैं कनफटा हूँ हेटा हूँ
शेव्रलेट-डाज के नीचे मैं लेटा हूँ
तेलिया-लिबास में पुरजे सुधारता हूँ
तुम्हारी आज्ञाएँ ढोता हूँ।[2]

अन्य भाषाओं के शब्द-प्रयोग

मुक्तिबोध अंग्रेजी शब्दों के प्रयोग सहजता व स्वाभाविकता की सृष्टि के लिए करते हैं इसीलिए वे अंग्रेजी के (अधिकांशतः) उन्हीं शब्दों को स्वीकार करते हैं जो हिन्दी में भी प्रचलित हैं। ऐसे कुछ शब्द यहाँ प्रस्तुत हैं–गैसलाइट, ड्रैस, मिलिटरी, कर्नल, बिग्रेडियर, जनरल, मार्शल, डैस, फोटो ऑक्सीजन, फ्रेम, फ्यूज बल्ब आदि।

मुक्तिबोध वांछित प्रभाव उत्पन्न करने के लिए अपनी काव्य-भाषा में अरबी-फ़ारसी

1. चाँद का मुँह टेढ़ा है–मुक्तिबोध, पृ. 37।
2. वही, पृ. 109।

के शब्दों का चयन भी बड़ी बारीकी से करते हैं। 'भूल-गलती' कविता में 'दरबारे आम' का चित्रण खींचने के लिए उन्होंने अरबी व फारसी की शब्दावली अपनाई है जो अपनी प्रभावान्विति में अप्रतिम है–

भूल-गलती
आज बैठी है जिरहबख़्तर पहनकर
तख़्त पर दिल के
चमकते हैं खड़े हथियार उसके दूर तक,
आँखें चिलकती हैं नुकीले तेज पत्थर-सी,
खड़ी हैं सिर झुकाए,
सब क़तारें
बेज़ुबाँ बेबस सलाम में,
अनगिनत खम्भों व मेहराबों-थमे
दरबारे-आम में।[1]

और इस 'दरबारे आम' में बैठे हुए दरबारियों का यह चित्रण देखिए–

ख़ामोश!!
मनसबदार,
शाइर और सूफ़ी
अल ग़ज़ाली, इब्ने सिन्ना, अलबरूनी,
आलिमों फ़ाज़िल सिपहसालार, सब सरदार
हैं ख़ामोश!![2]

मुक्तिबोध की काव्य-भाषा में हमें अनेक ऐसे शब्द भी मिलते हैं जिनका अर्थ-सन्दर्भ विज्ञान की पारिभाषिक शब्दावली से जुड़ा होता है। 'मुझे नहीं मालूम' कविता में ही इस प्रकार के अनेक शब्द मिल जाते हैं। यथा, 'चुम्बकीय शक्ति', 'गुरुत्व-आकर्षण', 'ब्रह्मांड', 'इलेक्ट्रान', 'मैगनेट' आदि।

विज्ञान की शब्दावली के अतिरिक्त इनकी काव्य-भाषा में रहस्यवादी शब्दावली के भी अनेक शब्द मिलते हैं। हठयोग के अनेक पारिभाषिक शब्दों के आधार पर ही कुछ विद्वानों ने इनकी कविताओं में रहस्यवादी स्वर की खोजबीन की है। 'कल जो हमने चर्चा की थी' शीर्षक कविता इस सन्दर्भ में विशेष रूप से उल्लेखनीय है–

हम ज्वालामुखियों के जीवन उद्‌गम में
पहुँच चुके थे।
तब धरती की महानाड़ियाँ
इड़ा-पिंगला फड़क रही थीं,

1. चाँद का मुँह टेढ़ा है–मुक्तिबोध, पृ. 3।
2. वही, पृ. 4।

और सुषुम्ना के अभ्यन्तर
उन अंगारी प्राण-पथों पर
हम भी घूम रहे थे मानो।
निर्णय-निश्चय–
जीवन संचय की कुंडलिनी,
पृथ्वी के भीतर की ज्वालामयी कमलिनी की
विवेकमय पंखुरियों पर
हम जा लेटे!![1]

इस कविता में आए 'इड़ा-पिंगला', 'सुषुम्ना', 'कुंडलिनी', 'कमलिनी' आदि शब्द स्पष्टतः हठयोग की शब्दावली से लिए गए शब्द हैं जिनके मूल में हठयोगी अध्यात्म बोध का अर्थ-सन्दर्भ भी छिपा है।

मुक्तिबोध की काव्य-भाषा उतनी ही स्वतन्त्र और मौलिक है जितनी कि विचारधारा। अपनी काव्यानुभूति की सटीक और यथार्थ अभिव्यक्ति के लिए मुक्तिबोध ने जिस शब्द को उपयुक्त समझा उसी को ग्रहण कर लिया। अंग्रेजी, अरबी-फारसी, विज्ञान आदि के शब्दों की चर्चा तो हम ऊपर कर ही आए हैं। उन्होंने अपनी काव्य-भाषा में मराठी के भी अनेक शब्द प्रयोग किए हैं। जैसे नक्षे (नक्शा), नक्षीदार (नक्काशी वाला), गजर (घंटी), कन्दील (लालटेन), पूर (बाढ़), हकाल दिया (बाहर कर दिया) आदि शब्द मराठी के प्रचलित शब्द हैं। कई स्थानों पर मुक्तिबोध ने हिन्दी और मराठी के शब्दों को मिलाकर प्रयोग किया है। उदाहरण के लिए–डाली 'फन्दों पर'। मराठी में ढाल-से छोटी शाखाओं के लिए 'फांदी' शब्द का प्रयोग होता है। मुक्तिबोध ने उसे यहाँ 'फंदों' कर दिया है जबकि हिन्दी फन्द या फन्दा बन्धन के लिए प्रयुक्त होता है। कहीं-कहीं कवि ने मराठी की रूप-रचना को भी अपनाया है। हिन्दी में 'विष' का विशेषण 'विषैला' होता है किन्तु मुक्तिबोध ने मराठी के रूप 'विषारी' का प्रयोग किया है। इसी तरह अंगार से 'अंगारी' बनाया है जबकि हिन्दी में 'अंगारयुक्त' शब्द बनेगा। इस प्रकार के अनेक प्रयोग मुक्तिबोध की कविताओं में मिल जाएँगे जो परिष्कृत हिन्दी में प्रचलित नहीं है। उदाहरण के लिए–लहरीले (लहरदार), कुहरीले (कुहरायुक्त), रक्ताल (रक्तिम),धुमैला (धूमिल), रोगीला (रोगयुक्त) आदि ऐसे ही शब्द हैं।

जब कवि को अपनी काव्यानुभूति के अनुरूप कोई विशेषण नहीं मिलता है तो वह या तो नया गढ़ लेता है या अन्य विशेष्य का विशेषण फिट कर देता है। वह इस बात की चिन्ता नहीं करता कि ये विशेषण कितने उपयुक्त हैं। उसे तो अपनी भावनाओं को ठीक-ठीक अभिव्यक्ति देनी है और इन विशेषणों के द्वारा कवि अपनी अनुभूति की अत्यन्त भास्वरता के साथ प्रकट करने में सफल भी होता है। इस सन्दर्भ में कुछ उदाहरण प्रस्तुत करना असंगत न होगा। जैसे–'भस्मीला-अन्धकार', 'भुसभुसे उजाले का

1. चाँद का मुँह टेढ़ा है–मुक्तिबोध, पृ. 111-112।

फुसफुसाता षड्यन्त्र', 'पागल यथार्थ', 'चहचहाती सड़कों की साड़ियाँ', 'किरनीली मूर्तियाँ', 'ऐय्यारी रोशनी', 'चाँद की सँवलाई किरण', 'किरनीला सेतु' आदि।

मुहावरे और लोकोक्तियों का प्रयोग भी काव्य-भाषा को समृद्ध बनाता है। मुक्तिबोध की काव्य-भाषा इस समृद्धता से अछूती नहीं है। उन्होंने सहज अर्थ देनेवाले अनेक मुहावरों का सार्थक प्रयोग किया है। उनके द्वारा प्रयुक्त मुहावरे काव्य-भाषा की आन्तरिक इकाई से लगते हैं। 'खेत रहे' 'काम आए', 'सातवाँ आसमान', 'केंचुली उतारना', 'अनसुनी करना', 'नशा रंग लाता है', आदि मुहावरे भाषा-सौन्दर्य के साथ-ही-साथ अर्थ की गम्भीरता में भी योग देते हैं।

मुक्तिबोध ने अपनी काव्य-भाषा में कहीं-कहीं तुच्छता, क्षुद्रता आदि को दर्शाने के लिए 'भदेस' का भी समावेश किया है, किन्तु उतना नहीं जितना अज्ञेय अपनी 'शिशिर की राका निशा' कविता में 'तीन टाँगों पर खड़े नतग्रीव धैर्य-धन गदहे' के माध्यम से कर सके हैं। 'तारसप्तक' में संगृहीत मुक्तिबोध की 'बिहार' कविता का यह चित्रण देखिए–

रवि का प्रकाश,
शशि का विकास–
पुंसत्वहीन नर का विलास।
ये सूर्य-चन्द्र
नाभ-वक्ष लुब्ध,
वे अमित वासना के शिकार।
वे गगन दीन
वे रसिक रुग्ण,
पुंसत्वहीन वेश्या-विहार।[1]

इसी तरह 'चाँद का मुँह टेढ़ा है' की 'एक अरूप शून्य के प्रति' कविता में मुक्तिबोध 'आत्मा को कुतिया' कहते हुए लिखते हैं–

देखो तो–
प्रतिपल तुम्हारा ही नाम जपती हुई
लार टपकाती हुई आत्मा की कुतिया
स्वार्थ-सफलता के पहाड़ी ढाल पर
चढ़ती है हाँफती,
आत्मा की कुतिया
राह का हर कोई कुत्ता छेड़ता है–[2]

लेकिन मुक्तिबोध की काव्य-भाषा में इस तरह के प्रयोग नहीं के बराबर हैं।

समग्रतः मुक्तिबोध की काव्य-भाषा के सन्दर्भ में यह कहा जा सकता है कि

1. तारसप्तक–सं. अज्ञेय, पृ. 50।
2. चाँद का मुँह टेढ़ा है–मुक्तिबोध, पृ. 126-127।

'मुक्तिबोध की प्राणवान काव्य-भाषा उनके प्राणवान कथ्य की प्रतिध्वनि है।'[1] शब्द-चयन की दृष्टि से मुक्तिबोध की काव्य-भाषा में विविधता तो है लेकिन उसमें ऊबड़-खाबड़पन भी है। बोलचाल के साधारण शब्द प्रयोगों के बीच में कभी-कभी ऐसे अजनबी समासबद्ध संस्कृतनिष्ठ शब्द आ जाते हैं कि जबान लड़खड़ा जाती है। लेकिन मुक्तिबोध की काव्य-भाषा की सार्थकता फुटकल शब्द प्रयोगों के माध्यम से नहीं मापी जा सकती है। उसके लिए उनकी काव्य-भाषा को समग्र रूप में ही ग्रहण करना होगा। और जब हम मुक्तिबोध की काव्य-भाषा का अध्ययन समग्रता की दृष्टि से करते हैं तो उनकी काव्य-भाषा का ऊबड़-खाबड़पन ही उनकी शक्ति बन जाता है। ऐसा इसलिए क्योंकि मुक्तिबोध अपनी कविताओं में जिस 'पागल यथार्थ' को अभिव्यक्त करना चाहते हैं वह सीधा और सपाट नहीं है। जिस सामाजिक अव्यवस्था और जीवन की कठोर वास्तविकता को मुक्तिबोध ने अपनी कविताओं में उकेरा है उनका चरित्र सरल न होकर ऋजु है, वक्र है। तब उनकी काव्य-भाषा की भंगिमा भी अनगढ़ क्यों न होती।

आचार्य नन्ददुलारे वाजपेयी को मुक्तिबोध की काव्य-भाषा 'चिल्लाहट' प्रतीत हुई। उनके मतानुसार–''मुक्तिबोध की काव्य-भाषा में लय और संगीत की अपेक्षा चिल्लाहट का अधिक प्रत्यय मिलता है।''[2] यह ठीक है कि मुक्तिबोध का काव्य संगीत का निषेध करता है क्योंकि 'मनुष्य के नरक को उपस्थित करनेवाले काव्य की परिणति संगीत कैसे हो सकता है? मुक्तिबोध ने संगीत से पैदा हुए शून्य को तनाव से भरा। संगीत का स्थान तनाव ने ले लिया।'[3] इस तनाव का जन्म जीवन के यथार्थ से उलझने के फलस्वरूप हुआ है। प्रतिकूल वातावरण में छटपटाती हुई जिजीविषा जिस तरह की भाषा में प्रकट हो सकती है, वैसी ही भाषा मुक्तिबोध की है। उनका शब्द गहरी अर्थवत्ता से अनुप्राणित होकर ही कविताओं में स्थान पाता है। उनकी भाषा में अनगढ़पन या बेडौलपन मिल सकता है लेकिन उसका चेहरा नकली कहीं भी नहीं है। और एक कवि की काव्य-भाषा की इससे बड़ी सफलता और क्या हो सकती है।

मुक्तिबोध के काव्य-बिम्ब : सम्मूर्तन का कौशल

कवि की भाषा प्रधानतः बिम्बों की भाषा होती है। शब्दों के माध्यम से अपनी काव्यानुभूति को सहृदय-पाठक के सम्मुख मूर्त करना ही कवि की सिद्धि होती है। मुक्तिबोध का शब्द-चयन और प्रयोग जितना सुथरा और सौष्ठवपूर्ण है उतना ही प्रखर उनका बिम्ब-सर्जन है। इसीलिए मुक्तिबोध की कविताएँ पढ़ते हुए यह नहीं लगता कि भाषा, उनके भावों की अभिव्यक्ति का साधन मात्र है, वरन हम उसकी बिम्ब निर्माण क्षमता के कारण ही संवेदनाओं का प्रत्यक्ष अनुभव करते हैं।

---

1. कविता के नए प्रतिमान–डॉ. नामवरसिंह–पृ. 119।
2. धर्मयुग–6 अगस्त, 1967, पृ. 38।
3. आलोचना (त्रैमासिक)–जुलाई-सितम्बर–1968, पृ. 57-58।

वस्तुतः बिम्ब वह शब्द-चित्र है जो कल्पना के द्वारा ऐन्द्रिय अनुभवों के आधार पर निर्मित होता है तथा उसकी उपयोगिता इस बात में है कि वह भाव को ग्राह्य और सम्प्रेष्य बनाए। उसकी सबसे बड़ी सफलता काव्य की मौलिक अनुभूति को सहृदय-संवेद्य बनाने में है। बिम्ब का दूसरा और अधिक महत्वपूर्ण कार्य भाषा को संक्षिप्त, केन्द्रित और संगठित करना है। भाषा को केन्द्रित करने के साथ-ही-साथ वह काव्यगत अनुषंगों को भी केन्द्रित करता है। शब्द की अपेक्षा बिम्ब अधिक सन्दर्भ-सापेक्ष होता है क्योंकि वह यथार्थ का एक सार्थक टुकड़ा होता है। वह अपनी ध्वनियों और संकेतों से भाषा को अधिक संवेदनशील और पारदर्शी बनाता है। उसका आधार कोशगत अर्थ नहीं होता, सम्पूर्ण विस्तृत जीवन और इतिहास होता है। वह अभिधा की अपेक्षा लक्षणा और व्यंजना पर आधारित होता है।[1] वस्तुतः बिम्ब के माध्यम से कवि अपने अनुभूत 'प्रभाव' को इस तरह 'दृश्य' तथा 'एन्द्रिय' बनाकर सामने रखता है कि कवि की मौलिक संवेदना की अनुभूति पाठक को सहज ही सुलभ हो जाती है।

कवि मुक्तिबोध का काव्य, बिम्ब-सर्जना की दृष्टि से अत्यन्त समृद्ध है। उनकी काव्यानुभूति सार्थक बिम्बों के माध्यम से प्रखर अभिव्यक्ति पाती है। बिम्ब, कवि की अनुभूति की संश्लिष्टता के साथ उसके शिल्प कौशल का भी प्रमाण होता है। इस दृष्टि से मुक्तिबोध एक सफल बिम्ब-सर्जक भी प्रतीत होते हैं। उनके काव्य से विभिन्न उदाहरण लेकर उनकी बिम्ब-निर्माण क्षमता का अध्ययन करना असंगत न होगा।

'तारसप्तक' में संगृहीत मुक्तिबोध की आरम्भिक कविताओं में हमें प्रकृति सम्बन्धी ऐसे बिम्ब मिलते हैं जो अपनी मूर्तता से छायावादी बिम्ब-सर्जना का प्रभाव सहेजे हुए हैं। 'आत्मा के मित्र मेरे' शीर्षक कविता की निम्न पंक्तियों से संमूर्तित होनेवाला ये बिम्ब देखिए–

उस जलधि की श्याम लहरों पर जुड़ा आता
सघनतम श्वेत, स्वर्गीय फेन, चंचल फेन!
जिसको नित लगाए निज मुखों पर स्वप्न की मृदु मूर्तियों-सी
अप्सराएँ साँझ-प्रातः
मृदु हवा की लहर पर से सिन्धु पर रख तलुए
उतर आतीं, कान्तिमय नव हास लेकर।[2]

यहाँ साँझ और उषाकाल को अप्सराएँ मानकर तथा उनकी लालिमा का सम्बन्ध रक्तिम-तलुओं से जोड़कर कवि ने किसी नवयौवना नारी के मूर्त बिम्ब के माध्यम से प्रातः और सन्ध्याकाल को मूर्तित किया है। ऐसे अनेक बिम्ब हमें छायावादी काव्य में अनायास ही मिल जाते हैं। लेकिन इसके साथ ही कवि नवीन चेतना का वाहक बनकर कुछ ऐसे बिम्ब भी उकेरता है जिनका सम्बन्ध आधुनिक जीवन की उपलब्धियों से होता है। वह अपने मन की उद्भ्रान्तता व गतिमानता को 'यान' के बिम्ब द्वारा मूर्त करता है–

1. आधुनिक हिन्दी कविता में बिम्ब विधान–केदारनाथ सिंह, पृ. 27-28।
2. तारसप्तक–सं. अज्ञेय, पृ. 44।

मेरे अन्तर, मेरे जीवन के सरल यान,
तू जबसे चला, रहा बेघर,
तन गृह में हो, पर मन बाहर,
आलोक-तिमिर, सरिता-पर्वत कर रहा पार![1]

यहाँ 'यान' के बिम्ब के माध्यम से कवि अपने जीवन व मन की गत्यात्मकता को प्रस्तुत करने में सफल हुआ है। इसी तरह मुक्तिबोध की कविता में अनेक ध्वनि बिम्बों की योजना भी हुई है। यथा–

ब्रह्मराक्षस
घिस रहा है देह
हाथ के पँजे, बराबर
बाँह-छाती-मुँह छपाछप
खूब करते साफ़
फिर भी मैल
फिर भी मैल!![2]

यहाँ 'छपाछप' शब्द अपनी ध्वन्यात्मकता के कारण ब्रह्मराक्षस की स्नान-प्रक्रिया को पूर्णतः मूर्त कर देता है। इसी तरह 'चकमक की चिनगारियाँ' कविता में आई ये पंक्तियाँ ध्वनि-बिम्ब की उत्कृष्ट उदाहरण हो सकती हैं–

तजुर्बेकार साज़िन्दे
ख़यालों के उमड़ते दौर में से सहसा
निजी रफ़्तार इतनी तेज करते हैं–
थपाथप पीटते हैं जोर से तबला ठपाठप, और
झंकृत नाद-गतियों की गगन में थाम
तुम–तुम–तोम तम्बूरे

× × ×

उखड़ते चौखटों में ही
खड़खड़ खिड़कियाँ नचतीं,
भड़ाभड़ सब बजा करते खड़े बेडौल दरवाजे।[3]

इन पंक्तियों में आए, थपाथप, ठपाठप तुम-तुम-तोम, खड़खड़, भड़ाभड़ आदि सभी शब्द ध्वन्यात्मक है तथा अपनी ध्वन्यात्मकता के कारण ही ये शब्द एक विशिष्ट वातावरण को मूर्तित करने में सफल होते हैं।

मुक्तिबोध के बिम्बों में भी उनकी काव्य-संवेदना की द्वन्द्वात्मकता पूर्ण रूप से मूर्त

---

1. तारसप्तक–सं. अज्ञेय, पृ. 54।
2. चाँद का मुँह टेढ़ा है–मुक्तिबोध, पृ. 11-12।
3. वही, पृ. 161।

हुई है। मुक्तिबोध की सृजन-प्रक्रिया में परस्पर विरोधी विचारधाराओं का द्वन्द्व निहित रहता है। इसी कारण उनके शब्द भी द्वन्द्वात्मकता को मूर्त करने के लिए वैसी ही भंगिमा धारण कर लेते हैं। कुछ पंक्तियाँ प्रस्तुत हैं–

ये गरजती, गूँजती, आन्दोलिता
गहराइयों से उठ रहीं ध्वनियाँ, अतः
उद्भ्रान्त शब्दों के नए आवर्त में
हर शब्द निज प्रति-शब्द को भी काटता,
वह रूप अपने बिम्ब से भी जूझ
विकृताकार-कृति
है बन रहा
ध्वनि लड़ रही अपनी प्रतिध्वनि से यहाँ[1]

सृजन-प्रक्रिया के संघर्ष की अमूर्तता को ये शब्द किसी सीमा तक मूर्त कर पाने में सफल हैं।

मुक्तिबोध की रंग-चेतना भी अत्यन्त विस्तृत है। उनके काव्य में रंग सम्बन्धी अनेक बिम्ब मिलते हैं। उनके यहाँ काले और साँवले रंग की तो भरमार है। काले, सियाह या सँवलाए रंग को लेकर जितने बिम्बों की सृष्टि मुक्तिबोध ने की है, वह नई कविता के अन्य कवियों में कम ही मिलती है। इनकी 'चाँदनी भी सँवलाई हुई है' तथा उनको लगता है कि चाँदनी के होंठ काले पड़ गए हैं–

भीमाकार पुलों के बहुत नीचे, भयभीत
मनुष्य-बस्ती के बियाबान तटों पर
बनते हुए पथरीले नालों की धारा में
धराशायी चाँदनी के होंठ काले पड़ गए[2]

मस्तिष्क पर आघात होने के तत्काल बाद की स्थिति को मुक्तिबोध इन शब्दों के माध्यम से मूर्त करते हैं। यहाँ प्रयुक्त विभिन्न रंग-बिम्ब आघात की स्थिति का स्पष्ट संकेत करते हैं–

सहसा कनपटी पर जोर से आघात
आँखों के सामने विस्फोट,
तारा एक वह टूटा,
दमकती लाल-नीली बैंगनी
पीली व नारंगी
अनगिनत चिनगारियाँ बिखरा
सितारा दूर वह फूटा।[3]

---

1. चाँद का मुँह टेढ़ा है–मुक्तिबोध, पृ. 23।
2. वही, पृ. 29।
3. वही, पृ. 249।

यहाँ लाल, नीला, बैंगनी, पीला व नारंगी रंग आघात के आन्तरिक प्रभाव को पूर्णतः मूर्त करने में सफल है।

प्रकृति सम्बन्धी अनेक बिम्ब मुक्तिबोध के काव्य में सहज ही उपलब्ध हो जाते हैं। मुक्तिबोध को पहाड़, पठार, गुफाएँ आदि विशेष रूप से प्रिय हैं। अतः ये पहाड़, पठार, गुफाएँ आदि के बिम्ब उनके काव्य में बराबर प्रयुक्त हुए हैं। मानव हृदय की जटिलता तथा उसमें छिपे विवेक रत्नों को दिखाने के लिए मुक्तिबोध एक प्राकृतिक गुफा का बिम्ब ग्रहण करते हुए अपने अभिप्रेत को मूर्त रूप में व्यक्त करते हैं–

भूमि की सतहों के बहुत-बहुत नीचे
अँधियारी एकान्त
प्राकृत गुहा एक।
विस्तृत खोह के साँवलेतल में
तिमिर को भेद कर चमकते हैं पत्थर
मणि तेजस्क्रिय रेडियो-ऐक्टिव रत्न भी बिखरे,
झरता है जिन पर प्रबल प्रपात एक
प्राकृत जल वह आवेग-भरा है,
द्युतिमान मणियों की अग्नियों पर से
फिसल-फिसलकर बहती लहरें
लहरों के तल में से फूटती हैं किरनें
रत्नों की रंगीन रूपों की आभा
फूट निकलती
खोह की बेडौल भीतें झिलमिल!![1]

प्रस्तुत पंक्तियाँ मुक्तिबोध की संश्लिष्ट बिम्ब-निर्माण शक्ति की द्योतक हैं! अँधेरे में चमकती हुई मणियों व रत्नों से निस्सृत प्रकाश की कल्पना बहते हुए जल से करना तथा खोह की बेडौल भीतों पर चमकनेवाली प्रकाश-किरणों की झिलमिल को दर्शाकर सहृदय-पाठक के मन में एक विवृत बिम्ब की सृष्टि करना, यह मुक्तिबोध द्वारा ही सम्भव था।

'चाँद का मुँह टेढ़ा है' शीर्षक कविता में नगर के आतंकपूर्ण और अराजकतावादी वातावरण को निम्न पंक्तियों में बड़ी सफलता व शक्ति के साथ उभारा गया है–

गगन में कर्फ्यू है,
धरती पर चुपचाप जहरीली छिः थूः है।
पीपल के खाली पड़े घोंसलों में पक्षियों के,
पैठे हैं खाली हुए कारतूस।
गंजे सिर चाँद की सँवलायी किरनों के जासूस

---

1. चाँद का मुँह टेढ़ा है–मुक्तिबोध, पृ. 281-282।

साम-सूम नगर में धीरे-धीरे घूम-घाम
नगर के कोनों के तिकोनों में छिपे हैं!![1]

'कर्फ्यू' शब्द के पीछे आतंक का वातवारण स्वतः निहित होता है। अतः यहाँ 'कर्फ्यू' शब्द मात्र ही आतंक की स्थिति को पूर्णतः मूर्त कर देता है तथा जिसे पक्षियों के घोंसले में रखे कारतूस के बिम्ब ने और भी गहरा दिया है। चाँद की किरणों को जासूस कहना भी वातावरण की दृष्टि से बड़ा सार्थक है। वातवरण की रहस्यमयता तथा भयानक रोमांचकता को मूर्त करनेवाले अनेक बिम्ब भी मुक्तिबोध में मिल जाते हैं। तिलिस्मी उपन्यासों की तरह उनकी कविताओं में भी आकस्मिकता का गहरा पुट है–

अचानक एक ठंडा स्पर्श कन्धे पर
हृदय यह थरथरा उठता!!
भयानक काला लबादा ओढ़े है,
बराबर, सामने, प्रत्यक्ष कोई
स्याह परदे से ढँका चेहरा
सुरीली किन्तु है आवाज[2]

यहाँ भयानक काला लबादा ओढ़नेवाला अनजाना व्यक्ति भय और सनसनाहट को स्पष्ट ही रूपायित कर देता है। 'स्याह परदे से ढँका चेहरा' रहस्यमयता और भयानकता का मूर्त रूप ही है। इसी तरह 'अँधेरे में' कविता की यह बिम्ब-सृष्टि देखिए–

तालाब के आसपास, अँधेरे में वन-वृक्ष
चमक-चमक उठते हैं हरे-हरे अचानक
वृक्षों के शीश पर नाच-नाच उठती हैं बिजलियाँ
शाखाएँ, डालियाँ झूमकर झपटकर
चीख, एक दूसरे पर पटकती हैं सिर कि अकस्मात–
वृक्षों के अँधेरे में छिपी हुई किसी एक
तिलस्मी खोह का शिला-द्वार
खुला है धड़ से[3]

मुक्तिबोध के बिम्बों में आदिम जीवन के उपकरणों की आवृति विशेष रूप से द्रष्टव्य है। उनकी कविताओं में बरगद, भैरों, परित्यक्त सूनी बावड़ी, घुग्घु, चमगादड़ आदि के बिम्बों की अनेक बार आवृत्ति हुई है। इसके सम्बन्ध में डॉक्टर प्रभाकर माचवे के साक्ष्य से कहा जा सकता है कि मुक्तिबोध की जीवन घटनाओं में ही इन बिम्बों का स्रोत छिपा हुआ है जो उनकी कविताओं में निरन्तर अभिव्यक्त होता रहा है किन्तु नई और पैनी अर्थवत्ता के साथ।[4] 'ब्रह्मराक्षस' का प्रतीकात्मक बिम्ब भी मुक्तिबोध को

---

1. चाँद का मुँह टेढ़ा है–मुक्तिबोध, पृ. 28।
2. वही, पृ. 207।
3. वही, पृ. 262-263।
4. गजानन माधव मुक्तिबोध का रचना-संसार–प्रभाकर माचवे का लेख, सम्पादक : गंगाप्रासद विमल, पृ 58

बहुत प्रिय है तथा यह कई बार उनकी कविताओं से आया है। कुबेरनाथ राय के अनुसार–'ब्रह्मराक्षस' आदि-संवेदनों से सम्पृक्त बिम्ब है। इससे बड़ी आसानी से रहस्यमयता, गहराई, आतंक भय और गहन तहीभूत सन्देह की सृष्टि की जा सकती है।...ब्रह्मराक्षस का बिम्ब इतिहास की अन्वीक्षा-वृत्ति का प्रेत है–या सादी भाषा में, यह इतिहास की दमित अन्वेषण-एषणा या दमित अन्वीक्षा है, जो 'इतिहास-मन' की बावड़ी के गहरे अवचेतन का अन्ध अचेतन में कैद रहने के लिए अभिशप्त है।"[1] वस्तुतः ये बिम्ब आदि वन्य-जीवन के भयाक्रान्त वातावरण को मूर्त करते हैं।

मुक्तिबोध के बिम्बों के लिए शमशेर बहादुर सिंह का कहना है कि "मुक्तिबोध की हर इमेज के पीछे शक्ति होती है। वे हर वर्णन को दमदार अर्थपूर्ण और चित्रमय बनाते हैं।[2] निश्चय ही उनके शिल्प की शक्ति के पीछे प्रखर बिम्ब-योजना का महत्वपूर्ण योगदान है। उनके द्वारा प्रयुक्त प्रत्येक बिम्ब ने उनके कथ्य को अधिक स्पष्ट और सुदृढ़ बनाया है। उनके काव्य में ऐसे अनेक बिम्ब मिल जाएँगे जो आत्म-मंथन के फलस्वरूप उनकी काव्य-चेतना पर अनायास ही छा गए तथा जिनके माध्यम से उन्होंने अपने समय के 'पागल यथार्थ' को अभिव्यक्ति देने में सफलता पाई है। इन्हीं बिम्बों के माध्यम से उनकी काव्य-संवेदना का भाषिक रूपान्तरण अत्यन्त प्रखर और सौष्ठवपूर्ण बन सका है।

भाषा की सांकेतिकता और प्रतीक-सृष्टि

प्रत्येक कवि भाषा को नया संस्कार देना चाहता है। ऐसा इसलिए कि वह अपनी संवेदना की ताजगी को सम्प्रेषित करना चाहता है तथा पुरानी, रूढ़ हो चुकी भाषा से यह क्रिया सम्पन्न नहीं हो पाती है। भाषा को नई अर्थवत्ता प्रदान करने के लिए कवि प्रतीकों का प्रयोग करता है। अतः किसी भी कवि की भाषिक-संरचना का अध्ययन करते हुए उसकी प्रतीक-सृष्टि का अध्ययन करना भी आवश्यक होता है।

काव्य में सूक्ष्म-सौन्दर्य को व्यंजित करने के लिए प्रतीकों का प्रयोग किया जाता है क्योंकि प्रतीक में यह शक्ति होती है कि वह अपने निहित कथ्य से अधिक अभिव्यंजित करता है। लेकिन वह अधिक अभिव्यंजित करने के साथ-ही-साथ कुछ संगोपित भी रहने देता है। उसमें एक ही साथ प्रकाशन तथा गोपन की अद्भुत क्षमता होती है। इसी क्षमता के फलस्वरूप वह काव्य के सौन्दर्य को अधिक स्थायी बनाता है।

मुक्तिबोध के काव्य में जिन प्रतीकों का प्रयोग हुआ है वे वर्तमान जीवन के संघात से जन्मे हैं। उनके माध्यम से कवि ने अपने युगीन यथार्थ और अन्तश्चेतना के यथार्थ को मूर्त करने का प्रयास किया है। मुक्तिबोध के लिए प्रतीक काव्य-शिल्प का एक

1. द्रष्टव्य–क्ष त्र ज्ञ (त्रैमासिक) कुबेरनाथ राय का लेख–'ब्रह्मराक्षस : अर्थ, बीज और विस्तार'।
2. चाँद का मुँह टेढ़ा है–(भूमिका), पृ. 25।

उपादान मात्र ही नहीं है वरन् उनकी संवेदना प्रतीकों के माध्यम से ही अभिव्यक्ति पा सकती है क्योंकि युगचेतना ने कवि की अनुभूति को अत्यन्त जटिल और सूक्ष्म बना दिया है। इस जटिलता और सूक्ष्मता के कारण हो सकता है कि मुक्तिबोध द्वारा प्रयुक्त प्रतीक पूर्णतः प्रेषणीय न हों परन्तु इस तथ्य से इनकार नहीं किया जा सकता कि मुक्तिबोध के काव्य में आए अधिकांश प्रतीक सार्थक हैं तथा उनके माध्यम से कवि की अनुभूतियों को शिल्प के नये आयाम मिले हैं।

मूलतः प्रतीक दो प्रकार के होते हैं–परम्परागत प्रतीक तथा वैयक्तिक या नवीन प्रतीक। अधिकांश प्रतीक परम्परा की ही देन होते हैं किन्तु उनका अर्थ वही नहीं रहता है जो परम्परा से उन्हें मिला है वरन् वह निरन्तर अपने अर्थ को उतारता चलता है। लेकिन वह अपने मूल सन्दर्भ से एकदम कट भी नहीं पाता। इसके ठीक विपरीत नवीन या वैयक्तिक प्रतीक कवि की कल्पना की उपज होते हैं। अपने मन के अमूर्त भावों को व्यक्त करने के लिए सर्जक-कवि नए प्रतीकों को गढ़ लेता है। मुक्तिबोध के काव्य में परम्परित प्रतीकों की अपेक्षा नवीन प्रतीकों का प्रयोग ही अधिक मिलता है। वे अपने इतिहास, पौराणिक कथाओं व अपनी संचित स्मृति से प्रतीकों को ग्रहण करके, उन्हें आधुनिक सन्दर्भ प्रदान करते चलते हैं। उनकी प्रतीक-सृष्टि का विस्तृत अध्ययन अपेक्षित है।

''लकड़ी का बना रावण'' शीर्षक कविता में मुक्तिबोध अहंग्रस्त व्यक्तित्व की खोखली, निस्सार महानता का निदर्शन कराने के लिए लकड़ी, बाँस व कागज के पुट्ठे से बने रावण का प्रतीकात्मक प्रयोग करते हैं। रावण की ही तरह अहं की पराकाष्ठा पर पहुँचा व्यक्ति अपने निजी संसार में इतना महान, इतना विराट हो जाता है कि वह अपने को असीम, सर्वशक्तिमान समझने लगता है लेकिन उसकी स्थिति लकड़ी के बने रावण की तरह होती है जो भूमि पर किसी भी क्षण गिरने के लिए जड़ खड़ा होता है।

'मेरे सहचर' शीर्षक कविता में एकलव्य, अर्जुन के पौराणिक प्रतीकों का प्रयोग हुआ है–

मैं एकलव्य जिसने निरखा–
ज्ञान के बाद दरवाजे की दरार से ही
भीतर का महा-मनोमन्थन-शाली मनोज्ञ
प्राणाकर्षक प्रकाश देखा।[1]

× × ×

वह सँवलाया कलियाया मुँह
है स्नेह भरी चिन्ता में
शाल्मलि वृक्ष तले
उद्विग्न खड़े वनवासी दुर्धर अर्जुन का

1. चाँद का मुँह टेढ़ा है–मुक्तिबोध, पृ. 100।

जिसके नेत्रों में चमक उठे,
चन्दन के पावन अँगारे,[1]

इसी तरह 'डूबता चाँद कब डूबेगा' कविता में कवि मुक्तिबोध ने अनेक पौराणिक कथाओं व ऐतिहासिक घटनाओं का प्रतीकात्मक प्रयोग किया है जिससे कविता की अर्थवत्ता में वृद्धि हुई है। यथा कृष्णकथा से जुड़ा यह पौराणिक सन्दर्भ देखिए–

अपने अँधियारे कमरे में
आँखें फोड़े मैंने देखा मन के मन में
जाने कितने कारावासी वसुदेव
स्वयं अपने कर में शिशु आत्मज ले,
बरसाती राहों में निकले
धँस रहे अँधेरे जंगल में
विक्षुब्ध पूर में यमुना के
अति दूर, अरे, उस नन्द ग्राम की ओर चले।
जाने किसके उर स्थानान्तरित कर रहे वे
जीवन के आत्मज सत्यों को
किस महाकंस से भय खाकर गहरा-गहरा[2]

इनके अतिरिक्त मुक्तिबोध के काव्य में अक्षयवट, तक्षक, पन्नादाई, युगवीर शिवाजी आदि के पौराणिक व ऐतिहासिक सन्दर्भों का प्रतीकात्मक प्रयोग मिलता है। लेकिन इन प्रयोगों में मुक्तिबोध की प्रतीक सृष्टि की शक्ति परिलक्षित होती है। वस्तुतः उनके काव्य में प्रयुक्त नवीन प्रतीक ही अधिक महत्वपूर्ण हैं तथा इन्हीं में मुक्तिबोध की प्रतीक-सृष्टि की सफलता है।

उनकी प्रसिद्ध कविता 'अँधेरे में' में अनेक नवीन प्रतीकों का प्रयोग हुआ है जिनमें अँधेरा, रक्तालोक स्नात पुरुष, शिशु, सूरजमुखी फूल के गुच्छे, रायफल, अरुण-कमल आदि प्रमुख हैं। इस कविता में 'अँधेरे' का जिक्र कई बार आता है। वस्तुतः यह अँधेरा कई चीज़ों का प्रतीक है। एक स्तर पर यह अँधेरा सामाजिक अव्यवस्था को व्यंजित करता है तो दूसरे स्तर पर यह कवि के मनोजगत में छाई अमूर्त निबिड़ता को प्रकट करता है जो कविता लिखने से पहले, सृजन-प्रक्रिया के आरम्भ में होती है। इस अँधेरे के समाप्त होने का अर्थ एक ओर सामाजिक अव्यवस्था का दूर होना है तो दूसरी ओर कवि की सृजन-प्रक्रिया की पूर्णता की ओर संकेत करता है।

'रक्तालोक-स्नात पुरुष' मानवीय संस्कृति के विकास के लिए निरन्तर संघर्ष करनेवाले संस्कृति-पुरुष का प्रतीक है और संस्कृति-पुरुष हमारे मध्यवर्ग के आदर्शवादी, दृढ़ चरित्र, और जीवन की सुविधाओं से समझौता न करनेवाले व्यक्ति का प्रतीक है।

इस कविता में आया 'शिशु' ऐतिहासिक दायित्व का प्रतीक है, नए युग की आगत

1. चाँद का मुँह टेढ़ा है–मुक्तिबोध, पृ. 103।
2. वही, पृ. 50-51।

पीढ़ी का प्रतीक है। यह शिशु, भविष्य-शिशु है। कविता में यह 'शिशु' बाद में सूरजमुखी फूल के गुच्छे में परिवर्तित हो जाता है–

वह शिशु
चला गया जाने कहाँ
और अब उसके ही स्थान पर
मात्र है सूरजमुखी-फूल-गुच्छे।[1]

सूरजमुखी फूल के ये गुच्छे कवि में उत्पन्न हुई दायित्व-बोध की प्रसन्नता के प्रतीक हैं। यही दायित्व-बोध की प्रसन्नता आगे चलकर कर्मण्यता की प्रतीक 'रायफल' में बदल जाती है।

कन्धों पर फूलों के लम्बे वे गुच्छे
क्या हुआ, कहाँ गए?
कन्धों क्यों वजन से दुख रहे सहसा
ओ हो
बन्दूक आ गई
वाह वा...!!
वज़नदार रायफल
भई खूब!![2]

मुक्तिबोध की कविताओं में 'ज्वलन्त सरसिज', 'गुलाबी फूल', 'अरुण-कमल' के प्रतीक भी अनेक बार आए हैं। 'अँधेरे में' कविता में यह 'अरुण कमल' एक और कवि की पूर्ण सम्भावनाओं का प्रतीक बनकर आया तो दूसरी ओर वह नई अर्थवत्ता से युक्त भाषा के आदर्श रूप की ओर भी संकेत करता है–

अब अभिव्यक्ति के सारे खतरे
उठाने ही होंगे
तोड़ने होंगे ही मठ और गढ़ सब।
पहुँचना होगा दुर्गम पहाड़ों के उस पार
तब कहीं देखने मिलेंगी बाँहें
जिसमें कि प्रतिपल काँपता रहता
अरुण कमल एक[3]

शब्दों को नया अर्थ देने के लिए कवि को निरन्तर परिश्रम और संघर्ष करना पड़ता है। तब कहीं जाकर समर्थ कवि अर्थ के इस अरुण-कमल को प्राप्त कर पाता है। यह अरुण-कमल नए काव्य की प्राप्ति की ओर भी संकेत करता है।

'एक अरूप शून्य के प्रति' कविता में भी अरुण-कमल का यह प्रतीक ज्वलन्त

---

1. चाँद का मुँह टेढ़ा है–मुक्तिबोध, पृ. 291।
2. वही, पृ. 291।
3. वही, पृ. 299।

सरसिज के रूप में आया है–

मेरे इस साँवले चेहरे पर कीचड़ के धब्बे हैं,
दाग़ हैं,
और इस फैली हुई हथेली पर जलती हुई आग है,
अग्नि विवेक की।
नहीं, नहीं, वह-वह तो है ज्वलन्त सरसिज।।
जिन्दगी के दलदल-कीचड़ में धँसकर
वक्ष तक पानी में फँसकर
मैं वह कमल तोड़ लाया हूँ–
भीतर से इसलिए, गीला हूँ
पंक से आवृत,[1]

यह कमल जीवन की कटुताओं से संघर्ष करने के उपरान्त मिलनेवाले ज्ञानमय विवेक या जीवन-सत्य का प्रतीक है। कवि मुक्तिबोध भी जीवन की कीचड़ दलदलरूपी कटुताओं तथा विपरीत स्थितियों से जूझकर इस 'ज्वलन्त सरसिज' को प्राप्त करने में सफल होते हैं।

अवचेतन मन की गहनता, निबिड़ता आदि को व्यंजित करनेवाले प्रतीक भी मुक्तिबोध में बहुत मिलते हैं। अवचेतन मन की गहनता व निबिड़ता को व्यक्त करने के लिए मुक्तिबोध 'चम्बल' की घाटी' की बीहड़ता, निर्जनता और ऊबड़-खाबड़पन को प्रतीक रूप में ग्रहण करते हैं।

अपने ही भावों की भयानक
प्रतिध्वनि सुनकर
रेंगती है बर्फीली थरथर
झुरझुरी दौड़ती हैं मेरी रग-रग में।
अजी यह चम्बल घाटी है, जिसमें
पहाड़ों की बियावान
अजीब उठान और धंसान-निचाईयाँ
पठार व दर्रे

× × ×

और गहरी हैं पथरीली गलियाँ[2]

इसी तरह मुक्तिबोध ने 'ब्रह्मराक्षस', 'ओराँग उटांग', आदि प्रतीकों का प्रयोग किया है। 'ब्रह्मराक्षस' अतीत की बौद्धिक चेतना का प्रतीक है जो भविष्य के प्रति समर्पित न होने के कारण 'तम विविर में मरे पक्षी-सा' विदा हो जाता है।

'दिमागी गुहान्धकार का ओराँग उटांग' व्यक्ति के अवचेतन की अन्धकारमयी

1. चाँद का मुँह टेढ़ा है–मुक्तिबोध, पृ. 128-129।
2. वही, पृ. 240।

आवर्तों में छिपी, उसकी पाशविक वृत्तियों का प्रतीक है। मानव इस वृतियों से अपरिचित ही होता है और यदि परिचित हो भी जाए तो वह उसे छिपाने की कोशिश करता है–

हाय हाय और न जान ले
कि नग्न और विद्रूप
असत्य शक्ति का प्रतिरूप
प्राकृत औराँग उटांग यह
मुझमें छिपा हुआ है।[1]

मुक्तिबोध कविता को 'सांस्कृतिक प्रक्रिया' मानते हैं। अतः वे अपनी सांस्कृतिक परम्परा के प्रति विशेष रूप से निष्ठावान कवि है। 'एक अन्तर्कथा' शीर्षक में उनका यही सांस्कृतिक-बोध प्रतीकों के माध्यम से व्यक्त हुआ है। इस कविता में 'माँ' ऐसे व्यक्ति-मन का प्रतीक है जो परम्परा के जीवन्त अंशों की पहचान रखता है। जो जानता है कि परम्परा का वर्तमान के विकास में सार्थक उपयोग कैसे किया जा सकता है। इसीलिए 'माँ' सभ्यता के जंगल में बिखरी हुई सूखी टहनियों, सूखे डंठलों को बटोर रही है जो कि 'अग्नि के अधिष्ठाता' हैं। ये सूखी टहनियाँ, डंठल आदि परम्परा से प्राप्त मूल्यवान ज्ञान के प्रतीक हैं जिनका तथाकथित आधुनिकता से प्रभावित लोग उपयोग नहीं करते।

अन्तर्जीवन के मूल्यवान जो संवेदन
उनका विवेक-संगत प्रयोग हो सका नहीं।
कल्याणमयी करुणाएँ फेंकी गईं
रास्ते पर कचरे जैसी
मैं चीह्न रही उनको
जो गहन अग्नि के अधिष्ठान
मैं प्राणवान
मैं बीन रही उनको

× × ×

घर के बाहर आँगन में मैं सुलगाऊँगी
दुनिया भर को उनका प्रकाश दिखलाऊँगी[2]

मुक्तिबोध की कविताओं में बरगद और भैरों के प्रतीक भी कई बार आए हैं। बरगद इतिहास बोध का प्रतीक है इसलिए वह 'तजुर्बों का ताबूत' है तथा उसे मालूम है कि भैरों कौन है–

तजुर्बों का ताबूत
जिन्दा यह बरगद
जानता कि भैरों यह कौन है!!

---

1. चाँद का मुँह टेढ़ा है–मुक्तिबोध, पृ. 19।
2. वही, पृ. 119-120।

कि भैरों की चट्टानी पीठ पर
पैरों की मजबूत
पत्थरी-सिन्दूरी ईंट पर
भभकते वर्णों के लटकते पोस्टर
ज्वलन्त अक्षर!![1]

यह 'भैरों' विद्रोही-चेतना का प्रतीक है जिसकी चट्टानी पीठ पर ज्वलन्त अक्षरोंवाले हड़ताली पोस्टर लटके हुए हैं जिनमें जिन्दगी की आग है।

'एक भूतपूर्व विद्रोही का आत्मकथन' शीर्षक कविता में जिस ढहे हुए मकान की बात की गई है वह ढहा हुआ मकान परम्परागत रूढ़ मूल्यों के ध्वस्त हो जाने का प्रतीक है लेकिन ये मूल्य ध्वस्त होकर भी समाप्त नहीं होते हैं। इसीलिए मुक्तिबोध इन ध्वस्त मूल्यों के मलबे में भी जीने की बात करते हैं। क्योंकि उन पर आगत पीढ़ी का उत्तरदायित्व भी है–

हम एक ढहे हुए मकान के नीचे
दबे हैं।
चीख निकालना भी मुश्किल है,
असम्भव—
हिलना भी।

× × ×

कि स्पन्द अब–
पीड़ा-भरा उत्तरदायित्व-भार हो चला,
कोशिश करो, कोशिश करो,
जीने की।[2]

मुक्तिबोध की प्रतीक-सृष्टि विस्तृत और सार्थक है। उन्होंने अपने काव्य में सर्वत्र प्रतीकों का प्रयोग किया है। एक ही प्रतीक कई-कई स्थानों पर कई-कई अर्थों में प्रयुक्त हुए हैं। पर उनमें एकरसता या अर्थ का दोहराव नहीं है। यह मुक्तिबोध के प्रतीक विधान की विशेषता है। अपने सारग्रही चिन्तन को अधिक स्पष्ट रूप में प्रस्तुत करने के लिए मुक्तिबोध कहीं स्वतन्त्र व लघु प्रतीक प्रयोग में लाते हैं तो कहीं विस्तृत आयामवाले प्रतीकों का प्रयोग करते हैं जिनका अर्थ-सन्दर्भ सम्पूर्ण कविता में ही समाया रहता है। शिशु, रत्न, मणि, कमल, रायफल आदि प्रतीक यदि स्वतन्त्र सन्दर्भ से युक्त हैं तो ब्रह्मराक्षस, औरांग-उटांग, रक्तालोक-स्नात पुरुष आदि का प्रतीक-सन्दर्भ पूरी कविता में छाया हुआ है। इसी तरह 'ओ काव्यत्मन् फणिधर' शीर्षक कविता में 'संवेदनमय आत्मा' जिसे कवि ने नाग के प्रतीक में बाँधा है, एक साथ ही तम-विशेषज्ञ है, प्रज्वलन्त मन है, स्याह बिजली है, भूलोक-विपक्ष-विज्ञान-गणित-शास्त्री है। जहरीले

1. चाँद का मुँह टेढ़ा है–मुक्तिबोध, पृ. 31।
2. वही, पृ. 59-64।

संवेदन को भोगनेवाली यह नागात्मा ही भू-गर्भ शास्त्री है जो घटाटोप तिमिर की केंचुल पहनकर प्राणी-जगत् के सूक्ष्मतम काले अँधियारों में फेंके गए उपेक्षित और असुविधाकारक रत्नों की खोज करती है, उन्हें एकत्रित करती है आगामी पीढ़ियों के लिए। यह नागात्मा उन रत्नों का प्रयोग अपने लिए नहीं करती वरन् अन्य लोगों के लिए उन्हें सहेजती है। इस कविता में मुक्तिबोध कवि को युग की सच्ची चेतना के संरक्षक के रूप में मानते हैं। ऐसे कवि का सशक्त काव्य व्यक्तित्व ही वास्तविक आत्मानुभूत-सत्य की, स्वार्थ और सुविधा में बाँधकर छिपाई गई, मणियों को खोजता है जिनमें युग को प्रभावित-प्रकाशित करने की शक्ति होती है। आत्मज सत्य की यही मणियाँ भावी पीढ़ी को राह दिखाती हैं, उसका निर्माण करती हैं।

सारतः कहा जाता है कि मुक्तिबोध की प्रतीक-सृष्टि अत्यन्त संश्लिष्ट, सुविचारित और गहरी अर्थवत्ता से अनुप्राणित है। इन प्रतीकों के माध्यम से मुक्तिबोध जहाँ अपने कथ्य को अधिक स्पष्ट और ठोस बनाते हैं वहीं उसमें एक अजीब रहस्यात्मक सांकेतिकता का समावेश भी कर देते हैं जिसके फलस्वरूप उनका काव्यशिल्प अधिक पैना और धारदार बन गया है। अधिक मूर्त और सूक्ष्म भी। इनके प्रतीक भाषिक रूपान्तरण की प्रक्रिया को पूर्णता के साथ सम्पन्न करने में सफल हुए हैं।

छन्द प्रयोग : संगीत का निषेध और नाटकीयता का समावेश

मुक्तिबोध की कविता संगीत का निषेध करती है अतः उनके छन्द में यति-गति का निर्वाह अधिकांशतः नहीं मिलता है। यों तो नई कविता छन्द को तोड़ने में विश्वास रखती है किन्तु मुक्तिबोध को छोड़कर अधिकांश नए कवियों ने छन्द की लयात्मकता का निर्वाह किया है। इसीलिए श्रीकान्त वर्मा को लगता है कि, ''नई कविता की कामयाबी का कारण उसका वह भाव-बोध है जिसकी परिणति संगीत में हुई है।''[1]

हिन्दी में छन्द को तोड़ने का प्रयास निराला द्वारा किया गया था लेकिन 'छन्द का बन्द' तोड़ते हुए भी निराला अपने मुक्त छन्द में संगीत के प्रभाव से मुक्त न हो सके। छन्द पर किए गए निराला के प्रयोगों का मूलाधार शास्त्रीय संगीत भी रहा है और जिस आन्तरिक संयम की चर्चा उसके छन्द के सम्बन्ध में की जाती है उसका आधार भी यही है। निराला की लय, संगीत की लय से प्रभावित रही। मुक्तिबोध इस लयात्मकता से पूर्णतः मुक्त हैं।

मुक्तिबोध ने अपने छन्द निर्माण का कार्य भाषा की नाटकीयता से किया है। उनकी कविताएँ संगीतात्मक न होकर नाट्यात्मक हैं। उनकी तारसप्तक की कविताओं में अवश्य ही छन्दोबद्धता दृष्टिगत होती है किन्तु 'चाँद का मुँह टेढ़ा है' तक आकर उनकी कविता छन्द विहीनता में बदल जाती है। उसमें गद्यात्मकता का समावेश हो जाता

---

51. आलोचना (त्रैमासिक), जुलाई-सितम्बर 1968, पृ. 57।

है। यह गद्यात्मकता भी विभिन्न तनावों से निर्मित है और वस्तुतः उनकी भाषा इसी तनाव के साँचे में ढलकर अपना रूप ग्रहण करती है।

हमने ऊपर मुक्तिबोध की कविताओं को नाटकीय कविता कहा है पर उनकी कविताओं की नाटकीयता घटनाओं के क्रमिक विकास से उद्भूत नहीं है वरन् उसमें भाषा की आकस्मिकता का समावेश है। उनकी कविताओं में जो अचानक दृश्य परिवर्तन होता है उसकी पूर्व दृश्य के साथ पूर्ण संगति कम ही मिलती है। इस संगति के न होने के कारण उनकी कविताओं में नाटकीयता का क्रमिक, घटना-दर-घटना विकास नहीं होता है। अतः उनकी कविता सर्वांशतः नाटकीय नहीं है। उनमें घटना-बहुलता नहीं वरन् भाषा का नाट्यात्मक व आकस्मिक तेवर है। जैसे 'भूल-गलती' कविता उनकी सफल नाटकीय कविता मानी जा सकती है लेकिन उनकी प्रसिद्ध कविता 'अँधेरे में' सफल नाटकीय कविता नहीं है। स्वप्न-कथा के तन्तुओं से निर्मित यह कविता अपने आकस्मिक दृश्य-परिवर्तन के कारण निराला की 'राम की शक्तिपूजा' की पूर्वापर सम्बन्ध से युक्त नाटकीयता के समक्ष नहीं पहुँच पाती। 'राम की शक्ति पूजा' का दृश्य परिवर्तन कथात्मक अन्विति से युक्त है जबकि 'अँधेरे में' कविता में कोई विशिष्ट कथात्मक अन्विति नहीं है।

मुक्तिबोध की भाषिक-संरचना में आकस्मिकता के समोवश का एक कारण उनकी कविताओं का लम्बी होना भी है। वे अपनी कविताओं को एक आकस्मिक मोड़ देकर आगे बढ़ाकर ले जाते हैं। उनकी इन लम्बी कविताओं में गहन अनुभूति के साथ विचार-प्रक्रिया भी चलती है। मुक्तिबोध की काव्य संवेदना का रचाव भावनात्मक न होकर चिन्तनात्मक है। वे अपनी कविताओं में चिन्तन करते हैं न कि भावना के किसी उदीप्त क्षण की तात्कालिक अभिव्यक्ति। चिन्तनपरक विचार प्रक्रिया के कारण उनकी कविता का परिपेक्ष्य व्यापक होने के साथ-ही-साथ विस्तृत आयाम वाला हो जाता है।

लम्बी और अधूरी कविताओं का कवि

उनकी कविताओं के लम्बी होने का कारण यह है कि वे सम्पूर्ण यथार्थ की प्रतीति और अभिव्यक्ति करना चाहते हैं। कुछ भी छोड़ पाना उनके लिए सम्भव नहीं रहता। तारसप्तक में उन्होंने लिखा है–"मेरा आत्म-संवेदन समाज के व्यापक छोर छूने लगा। कविता का कलेवर भी दीर्घतर होता गया।"[1] अर्थात् उनकी कविताओं के लम्बी होने का एक कारण उनकी व्यापक सामाजिकता है।

'एक साहित्यिक की डायरी' में भी उन्होंने इस सन्दर्भ में कुछ महत्वपूर्ण बातें लिखी हैं–'यथार्थ के तत्व परस्पर गुम्फित होते हैं। साथ ही पूरा यथार्थ गतिशील होता है। अभिव्यक्ति का विषय बनकर जो यथार्थ प्रस्तुत होता हैं वह भी ऐसा ही गतिशील है,

---

1. तारसप्तक, पृ. 75।

और उसके तत्व भी परस्पर गुम्फित हैं यही कारण है कि मैं छोटी कविताएँ लिख नहीं पाता और जो छोटी कविता होती हैं वे वस्तुतः छोटी न होकर अधूरी होती हैं।'[1] स्पष्ट है कि मुक्तिबोध सम्पूर्ण यथार्थ को पकड़ना चाहते हैं और यथार्थ निरन्तर गतिशील है। तब कविताओं का लम्बा होना स्वाभाविक ही है। साथ ही इन कविताओं का लम्बी होना उनकी पूर्णता की निशानी भी नहीं है। बल्कि स्वयं मुक्तिबोध इन्हें अधूरी ही मानते हैं तथा उन्हें पूरा करने का प्रयास करते हैं। वे अपनी कविताओं को नदी जैसा मानते थे। रमेश बक्षी ने मुक्तिबोध से उनकी लम्बी कविताओं का राज पूछा तो उन्होंने बताया–'नदी बहने लगती है तो बहे चली जाती है। नदी की लम्बाई का राज कौन बताए अब?'[2] नदी की लम्बाई नैसर्गिक होती है। यह उसकी प्रकृति है। द्रव्यता का गुण होने के कारण वह बहती है, बहती चली जाती है। मुक्तिबोध की कविताएँ भी सजग प्रयास न होकर आत्मानुभूति का नैसर्गिक प्रवाह होती हैं। जो आरम्भ होकर समाप्त होना नहीं जानतीं। मुक्तिबोध को सदैव लगता है कि वह जो बात कहना चाहते हैं, जो सत्य उद्घाटित करना चाहते हैं, वह हाथ में ही नहीं आ पा रहा है–

बात अभी कहाँ पूरी हुई है,
आत्मा की एकता में दुई है,
इसीलिए
स्वयं के अधूरे ये शब्द और
टूटी हुई लाइनें, न उभरे हुए चित्र
टटोलता हूँ उनमें कि
कोई उलझा अटका हुआ सत्य कहीं मिल जाए
वह कौन-सी बात!!
उलझन में पड़ा हूँ।[3]

यह उलझन उनकी कविता को अन्त तक नहीं पहुँचने देती है। दूसरे वे अपनी कविता में 'परम अभिव्यक्ति की खोज' की बात करते हैं और यह खोज निरन्तर जारी है–

खोजता हूँ पठार–पहाड़–समुन्दर
जहाँ मिल सके मुझे
मेरी खोयी हुई
परम अभिव्यक्ति अनिवार
आत्म-सम्भवा।[4]

खोज जारी रहते पूर्णता की बात नहीं की जा सकती। और मुक्तिबोध जीवन भर

---

1. एक साहित्यिक की डायरी–मुक्तिबोध, पृ. 31।
2. द्रष्टव्य ज्ञानपीठ पत्रिका अक्तूबर, 1974।
3. चाँद का मुँह टेढ़ा है–मुक्तिबोध, पृ. 87।
4. वही, पृ. 310

आत्मान्वेषण करते रहे। इसीलिए कुबेरनाथ राय का कहना है कि ''मुक्तिबोध का सम्पूर्ण काव्य एक ही कविता है–वे आजीवन एक ही कविता लिखते रहे[1]–ठीक ही प्रतीत होता है।

लगभग यही बात इन्द्रनाथ मदान भी इन शब्दों में कहते हैं कि–''मुक्तिबोध ने 'तारसप्तक' से लेकर 'चाँद का मुँह टेढ़ा है' तक एक ही कविता लिखी है जो अधूरी है और जो शायद पूरी से बेहतर है।''[2] मुक्तिबोध स्वयं कविता को कभी पूरा हुआ नहीं मानते–

नहीं होती, कहीं भी खतम कविता नहीं होती
कि वह आवेग-त्वरित काल-यात्री है।
व मैं उसका नहीं कर्ता
पिता-धाता
कि वह कभी दुहिता नहीं होती,
परम स्वाधीन है वह विश्व-शास्त्री है।
गहन-गम्भीर छाया आगमिष्यत् की
लिए, वह जन-चरित्री है।[3]

वस्तुतः मुक्तिबोध का काव्य अधूरी कविताओं की एक परम्परा है जिसका अहसास स्वयं मुक्तिबोध को है। वे उसकी पीड़ा भी भोगते हैं। उन्हें पूरा न कर पा सकने को 'ट्रेजेडी' कहते हैं।[4] लेकिन अपने इस अधूरेपन का अहसास ही कवि मुक्तिबोध को एक पूर्णता भी देता है। अपनी अधूरी कविता में फिर से जी लेने की जिजीविषा ही उनकी अदम्यता बन जाती है–

मैं अपनी अधूरी दीर्घ कविता में
उमग कर,
जन्म लेना चाहता हूँ फिर से[5]

मुक्तिबोध की कविताओं की असाधारण लम्बाई तथा अधूरेपन का प्रभाव उनके काय-शिल्प पर भी पड़ा है। उनकी अधिकांश कविताओं की बुनावट फैन्टेसी के तारों से हुई है। उनकी ये लम्बी कविताएँ वैसे भी फैन्टेसी की प्रकृति के अनुकूल पड़ती हैं क्योंकि फैन्टेसी अतार्किक घटनाओं का अबाध प्रवाह लिए हुए होती है। अतः मुक्तिबोध के काव्य-शिल्प का अध्ययन करते हुए उनके 'फैन्टेसी-सिद्धान्त' पर विचार करना भी अनिवार्यतः महत्वपूर्ण है।

---

1. क्ष त्र ज्ञ (त्रैमासिक पत्रिका) जनवरी 1969, पृ. 4।
2. आलोचना और आलोचना डॉ. इन्द्रनाथ मदान, पृ. 105।
3. चाँद का मुँह टेढ़ा है–मुक्तिबोध, पृ. 163।
4. एक साहित्यिक की डायरी–मुक्तिबोध, पृ. 31।
5. चाँद का मुँह टेढ़ा है–मुक्तिबोध, पृ. 162।

मुक्तिबोध का फैन्टेसी-सिद्धान्त

मुक्तिबोध की कला फैन्टेसी की कला है। बाहरी यथार्थ के सम्पर्क से कवि के हृदय में जो प्रतिक्रिया होती है, उसमें कल्पना के योग से मुक्तिबोध ऐसे चित्र खड़े करते हैं जिनमें अद्‌भुत और विलक्षणता का रोमांचक योग रहता है। मुक्तिबोध की कविताओं में मिलनेवाला वातावरण बड़ा ही 'फैन्टेस्टिक' है। वे अपनी कविताओं की विशाल पटभूमि पर भयानक रहस्यमयता से भरपूर दिल दहला देनेवाली फैन्टेसी की सजीव सर्जना बड़ी बारीकी से करते हैं तथा उसमें अपने विचारों की लड़ियाँ बड़ी कुशलता से पिरो देते हैं। 'ब्रह्मराक्षस' और 'अँधेरे में' कविताएँ उनकी सफल फैन्टेसी की सृजन-क्षमता की उत्कृष्ट उदाहरण हैं। जितना प्रखर यथार्थ बोध, उतनी ही सशक्त फैन्टेसी की रचना।

वस्तुत मुक्तिबोध का प्रखर यथार्थ-बोध अपनी अभिव्यक्ति के लिए फैन्टेसी को चुनता है। उन्होंने यथार्थ संसार के भीषण अन्तर्द्वन्द्व तथा उसकी बहुस्तरीयता को उभारने के लिए फैन्टेसी का एक औज़ार के रूप में प्रयोग किया। उनकी फैन्टेसियों की विशेषता यह है कि वे प्याज के छिलकों की भाँति पर्त-दर-पर्त खुलती चली जाती हैं, दृश्य बदलते जाते हैं और यथार्थ की सजीव छवियाँ सामने फिल्म-रील की तरह उद्‌घाटित होती जाती हैं। तीखा, मर्म तक चुभनेवाला, तेज धार से युक्त कथ्य स्पष्ट से स्पष्टतर होता चलता है और कविता के समाप्त होते-होते सहृदय-पाठक यह निर्णय नहीं कर पाता कि जिस यथार्थ से उसने अभी साक्षात्कार किया है वह फैन्टेसी है या जीवन्त प्रत्यक्ष–सत्य। 'अँधेरे में' कविता उसका सफल उदाहरण हो सकती है।

मुक्तिबोध जिस फैन्टेसी का सृजन करते हैं वह सामान्य कल्पनाजीवी कवियों की फैन्टेसी से विशिष्ट होती है। इसका कारण यह है कि जहाँ सामान्य कल्पनाजीवी कवि कल्पना के ही आधार पर फैन्टेसी को बुनता है वहाँ मुक्तिबोध उस कल्पनात्मक फैन्टेसी को प्रखर यथार्थ बोध और गहन जीवनानुभूति से जोड़ देने में भी सफल हो जाते हैं। मुक्तिबोध की कविताओं को पढ़ते हुए लगता है कि उनकी रचना प्रक्रिया में जिस फैन्टेसी की रूप-रचना हुई है वह बड़ी समृद्ध तथा उत्कृष्ट कोटि की है। फैन्टेसी के प्रयोग से मुक्तिबोध यथार्थ-चित्रण की दीर्घता से बच जाते हैं तथा उनके वर्णन में मितव्ययता तथा सघनता का स्वतः ही समावेश हो जाता है।

मुक्तिबोध के लिए फैन्टेसी कला-सृजन-प्रक्रिया की एक अत्यन्त महत्वपूर्ण तथा अनिवार्य स्थिति है। 'एक साहित्यिक की डायरी' में उन्होंने 'तीसरा क्षण' लेख के अन्तर्गत इस सन्दर्भ में महत्वपूर्ण विचार प्रकट किए हैं–"कला का पहला क्षण है जीवन का उत्कट तीव्र अनुभव-क्षण। दूसरा क्षण है इस अनुभव का अपने कसकते दुखते हुए मूलों से पृथक् हो जाना और एक ऐसी फैन्टेसी का रूप धारण कर लेना मानो वह फैन्टेसी अपनी आँखों के सामने ही खड़ी हो। तीसरा और अन्तिम क्षण है इस फैन्टेसी के शब्द-बद्ध होने की प्रक्रिया का आरम्भ और उस प्रक्रिया की परिपूर्णावस्था तक की

गतिमानता। ××× फैन्टेसी को शब्द-बद्ध करने की प्रक्रिया के दौरान जो-जो सृजन होता है जिसके कारण कृति क्रमशः विकसित होती जाती है–वही कला का तीसरा और अन्तिम क्षण है। ××× फैन्टेसी अनुभव की कन्या है और उस कन्या का अपना स्वतन्त्र विकासमान व्यक्तित्व है। वह अनुभव से प्रसूत है इसलिए वह उससे स्वतन्त्र है।[1]

"फैन्टेसी में संवेदनात्मक ज्ञान और ज्ञानात्मक संवेदनाएँ रहती हैं। ××× कला के दूसरे क्षण में उपस्थित फैन्टेसी की इकाई में संवेदनात्मक ज्ञान और ज्ञानात्मक संवेदना कुछ इस तरह समाई रहती है कि लेखक उन्हें शब्द-बद्ध करने के लिए तत्पर हो उठता है।"[2]

"फैन्टेसी गतिहीन स्थिर चित्र नहीं है। उद्‌देश्य और उद्‌देश्य की दिशा के कारण ही वह गतिमय है। फैन्टेसी डायनेमिक होती है। कला के प्रथम क्षण के अन्तिम सिरे से उत्पन्न होते उसकी गतिमानता शुरू हो जाती है।"[3]

"कला के तीसरे क्षण में सृजन प्रक्रिया जोरों से गतिमान होती है। कलाकार की शब्द-साधना द्वारा नए-नए अर्थ-स्वप्न मिलने लगते हैं। पुरानी फैन्टेसी अब अधिक सम्पन्न, समृद्ध और सार्वजनीन हो जाती है। यह सार्वजनिकता, अभिव्यक्ति प्रयत्न के दौरान शब्दों के अर्थ-स्पन्दनों द्वारा पैदा होती है। अर्थ-स्पन्दनों के पीछे सार्वजनिक सामाजिक अनुभवों की परम्परा होती है इसलिए अर्थ-परम्पराएँ न केवल मूल फैन्टेसी को काट देती है, तराशती है, रंग उड़ा देती है, वरन् उसके साथ ही, वे नया रंग चढ़ा देती है, नए भावों और प्रवाहों से उसे सम्पन्न करती हैं, उसके अर्थ क्षेत्र का विस्तार कर देती हैं।"[4]

"भाषा फैन्टेसी को काटती-छाँटती है और इस प्रक्रिया के विपरीत फैन्टेसी भाषा को सम्पन्न और समृद्ध भी करती है। ××× कवि की यह फैन्टेसी भाषा को समृद्ध बना देती है, उसमें नए अर्थ-अनुषंग भर देती है, शब्द को नए चित्र प्रदान करती है। इस प्रकार, कवि भाषा का निर्माण करता है। जो कवि भाषा का निर्माण करता है, विकास करता है, वह निस्सन्देह महान कवि है।"[5]

"भाषा, परम्परा के रूप में, फैन्टेसी के मूल रंग को विस्तृत कर देती है। ××× साथ ही फैन्टेसी अपने मूल रंगों के निर्वाह के लिए, अपने मूल रंगों की अभिव्यक्ति के लिए, भाषा पर दबाव लाती है उसके शब्दों और मुहावरों में नई अर्थवत्ता, नई, अर्थ-क्षमता, नई अभिव्यक्ति भर देती है। कला के तीसरे क्षण में यह महत्वपूर्ण द्वन्द्व है।"[6]

---

1. एक साहित्यिक की डायरी–मुक्तिबोध, पृ. 19-20।
2. वही, पृ. 22।
3. वही, पृ. 23।
4. वही, पृ. 27।
5. वही, पृ. 28।
6. वही, पृ. 28।

"इसलिए कलाकार को यह महसूस होता रहता है कि जो उसे कहना था, वह पूर्ण रूप से न कह सका और ऐसा बहुत कुछ कह गया जो शुरू में, उसे मालूम नहीं था कि कह जाएगा!"[1]

यहाँ पर इतने विस्तृत उद्धरण देने का उद्देश्य मात्र इतना स्थापित करना है कि फैन्टेसी मुक्तिबोध के शिल्प का ही महत्वपूर्ण अंग नहीं है वरन् उनकी समस्त काव्य-सृजन प्रक्रिया भी उसमें समाहित है। फैन्टेसी के माध्यम से काव्य की सृजन-प्रक्रिया का इतना विस्तृत और सारगर्भित विवेचन मुक्तिबोध की अन्तर्दृष्टि की गहन पैठ का प्रतीक है। ऊपर से देखने पर फैन्टेसी एक शैली मात्र लगती है, काव्यानुभूति को अभिव्यंजित करने का माध्यम भर ज्ञात होती है। लेकिन मुक्तिबोध के उपर्युक्त विचार यह सिद्ध करते हैं कि वे फैन्टेसी का व्यापक अर्थों में प्रयोग करते हैं।

मुक्तिबोध ने एक स्थान पर लिखा है कि "अपने स्वयं के शिल्प का विकास केवल वही कवि कर सकता है, जिसके पास अपने निज का कोई ऐसा मौलिक विशेष हो, जो यह चाहता हो कि उसकी अभिव्यक्ति उसी के मनस्तत्वों के आकार की, उन्हीं मनस्तत्वों के रंग की, उन्हीं के स्पर्श और गन्ध की ही हो।"[2] यह बात मुक्तिबोध पर पूरी तरह चरितार्थ होती है। मुक्तिबोध का शिल्प उन्हीं के मनस्तत्वों के अनुरूप विकसित हुआ है।

समग्रतः मुक्तिबोध की काव्य-संवेदना के भाषिक रूपान्तरण के विभिन्न पहलुओं का विवेचन-विश्लेषण करने के उपरान्त सहज ही यह निष्कर्ष निकाला जा सकता है कि मुक्तिबोध अपनी काव्यानुभूति के अनुरूप शिल्प का निर्माण करने में सक्षम एक ऐसे कवि हैं जो अपनी रचनाओं की भाषिक-संरचना के प्रति अत्यन्त सजग है। वे शिल्प के प्रचलित प्रतिमानों को ग्रहण करते हुए उन्हें नई अर्थवत्ता देते हैं तथा उसका विकास करते हैं। मुक्तिबोध का शिल्प बहुआयामी है। मुक्तिबोध भाषा, बिम्ब, प्रतीक आदि का सक्षम प्रयोग करते हुए अपने शब्द-कौशल का प्रमाण देते हैं तो लम्बी नाट्यात्मक कविताओं द्वारा अपनी अनुभूति की व्यापकता तथा भाव-सामर्थ्य की पहचान कराते हैं। यथार्थ को उसकी सम्पूर्णता में रूपायित करने के लिए फैन्टेसी का प्रयोग करते हैं तथा उसे शिल्प का एक महत्वपूर्ण प्रतिमान बना देते हैं। यह उनकी शिल्प-दक्षता का ही प्रमाण है। निस्सन्देह मुक्तिबोध नई कविता के एक श्रेष्ठ और प्रखर काव्य-शिल्पी हैं तथा उनकी कविताएँ उनके उत्कृष्ट काव्यशिल्प की जीवन्त कला-कृतियाँ हैं।

---

1. एक साहित्यिक की डायरी–मुक्तिबोध, पृ. 28-29।
2. नई कविता का आत्म-संघर्ष तथा अन्य निबन्ध–मुक्तिबोध, पृ. 61।

मुक्तिबोध का काव्य : समापन टिप्पणी

आधुनिक हिन्दी काव्य-साहित्य के इतिहास में निराला के बाद मुक्तिबोध एक ऐसे कवि हैं जिनका जीवन और काव्य एक-दूसरे से अलग नहीं है। उनका काव्य-व्यक्तित्व और निजी-व्यक्तित्व एक-दूसरे से अलग न होकर परस्पर संग्रन्थित है। जहाँ उनका काव्य-सृजन उनके व्यक्तित्व को निखारता है वहाँ उनका व्यक्तित्व उनके काव्य को अर्थ देता चलता है और तब उनके काव्य का अध्ययन करने के लिए उनके व्यक्तित्व की बुनावट को समझना आवश्यक ही नहीं, अनिवार्य बन जाता है। वे एक ऐसे कवि के रूप में सदैव याद किए जाएँगे जिसका जीवन ही उसकी कविता होती है, जिसकी कथनी और करनी में कोई अन्तर नहीं होता।

मुक्तिबोध के काव्य का निर्माण चेतना को झकझोर देनेवाले अन्तःसंघर्ष, उनके अभिशप्त-युग तथा व्यक्तित्व के संघात से उपजा है। मुक्तिबोध की कविताओं का पेचीदापन इसी अन्तसंघर्ष के कारण है जो उनके व्यक्तित्व में बद्धमूल था। मुक्तिबोध जीवन भर भयंकर तनावों में जिए थे। असुरक्षा का भाव उनमें इतना प्रबल होता गया कि वे सदैव अपने को किसी षड्यन्त्र में फँसा हुआ समझने लगे थे। यही असुरक्षा तथा भय उनकी अनेक कविताओं में मुखरित हुआ है। मुक्तिबोध जानते थे कि सच्चा लेखक अपने खुद का दुश्मन होता है। वह अपनी आत्म-शान्ति को भंग करके ही लेखक बना रह सकता है। (एक साहित्यिक की डायरी) यह बात मुक्तिबोध के 'कवि' पर पूर्णतः सही उतरती है। उनकी कविता खंडित आत्म-शान्ति की कविता है।

एक महान कवि की सार्थकता अपने युग को मूर्त-रूप देने में होती है। अपने युग को अर्थ देने से अधिक सार्थक कार्य कोई कवि क्या कर सकता है। मुक्तिबोध का काव्य इस चुनौती को स्वीकार करता है तथा अपने युग की भयावहता को पूर्णता के साथ रूपायित करता है। इसलिए कहा जाता है कि मुक्तिबोध अपने युग के सफल कवि नहीं, वरन् सार्थक कवि हैं।

मुक्तिबोध की आरम्भिक कविताओं का संकलन 'तारसप्तक' में प्राप्त होता है जिसमें उनकी सोलह कविताएँ (द्वि. संस्करण में सत्रह कविताएँ) पहली बार प्रकाशित हुई थीं। नई कविता के विकास में 'तारसप्तक' के महत्व को नकारा नहीं जा सकता और चूँकि 'तारसप्तक' में मुक्तिबोध की कविताएँ संगृहीत है इसलिए नई कविता के विकास-क्रम में उनका महत्व भी स्वयंसिद्ध है। अतः नई कविता की पृष्ठभूमि में

मुक्तिबोध की भूमिका का अध्ययन उनके काव्य को समझने के लिए अत्यन्त उपयोगी है।

'तारसप्तक' में मुक्तिबोध के महत्व को शमशेर यह कहकर स्थापित करते हैं कि "उस संग्रह में मुक्तिबोध का योग उस समय सबसे प्रौढ़ चाहे न हो, मगर शायद सबसे मौलिक था।" (चाँद का मुँह टेढ़ा है–भूमिका)। 'तारसप्तक' में संगृहीत मुक्तिबोध की कविताओं में हम छायावादी रुझान के साथ ही प्रगतिशील चेतना की भी अभिव्यक्ति पाते हैं। लेकिन उनकी कविताओं में लक्षित होनेवाला यह छायावादी रुझान वस्तुतः कथ्य में न होकर भाषा की बुनावट में है। कथ्य के स्तर पर तो उनकी कविताओं में प्रगतिशील चेतना ही मुखर है जिसकी स्पष्ट अभिव्यक्ति हमें 'मृत्यु और कवि', 'पूँजीवादी समाज के प्रति', 'नाश देवता', 'मैं उनका ही होता', आदि कविताओं में मिलती है। इस प्रगतिशीलता के साथ-ही-साथ उनमें व्यक्ति परवशता, एकान्तिकता, व्यक्ति की क्षुद्रता, क्षण का महत्व आदि की प्रवृत्तियाँ भी घुली-मिली हैं तथा जिनका पूर्ण विकास अन्य नवीन प्रवृत्तियों के साथ 'चाँद का मुँह टेढ़ा है' की कविताओं में मिलता है।

'चाँद का मुँह टेढ़ा है' के प्रकाशन से पूर्व उनकी 'कामायनी : एक पुनर्विचार', 'नई कविता का आत्मसंघर्ष तथा अन्य निबन्ध' तथा 'एक साहित्यिक की डायरी' आदि पुस्तकें प्रकाशित हो चुकी थीं। इन पुस्तकों से मुक्तिबोध के प्रखर समीक्षक और विचारक रूप की स्थापना हिन्दी जगत में हुई। नई कविता के क्षेत्र में उन्होंने सर्जक कलाकार के साथ-ही-साथ सहृदय समीक्षक-विचारक की भी भूमिका को निभाया तथा नई कविता के सौन्दर्यशास्त्र को विकसित करने में महत्वपूर्ण योगदान दिया।

'चाँद का मुँह टेढ़ा है' उनका सर्वाधिक महत्वपूर्ण कविता-संग्रह है जो उनकी मरणासन्न स्थिति में प्रकाशित हुआ। इस संग्रह की कविताओं का चयन-सम्पादन भी उनका न होकर श्रीकान्त वर्मा द्वारा किया गया है। उनके काव्य-साहित्य का अध्ययन विशेषतः इसी संग्रह की कविताओं का अध्ययन है। इन कविताओं में हम मुक्तिबोध की काव्य-संवेदना को एक विस्तृत धरातल पर अवस्थित पाते हैं। इन कविताओं में निहित उनकी काव्यानुभूति उनके समकालीन कवियों से नितान्त भिन्न है। इन कविताओं में हम अनुभूति की एक ऐसी नई तराश पाते हैं जो उनके काव्य-व्यक्तित्व को सर्वांगीण बनाती है।

मुक्तिबोध की ये कविताएँ उनके 'आत्म-बोध' और बाह्य वस्तु-जगत के 'यथार्थ बोध' की टकराहट की ऐसी परिणति है जिनमें एक सघन मानवीय पीड़ा और मानवीय नियति को लेकर चलनेवाला मर्मान्तक तनाव आद्यन्त विद्यमान है। उनके काव्य का यथार्थ परिवेश और उससे आबद्ध कवि का आत्म-संघर्ष, किसी अकेले और एकान्तप्रिय 'मौन की साधना' करनेवाले व्यक्ति का संघर्ष नहीं है वरन् यह उनकी जागरूक पीढ़ी का मानवीय अस्तित्व के लिए चलनेवाला संघर्ष है।

मुक्तिबोध की काव्य-संवेदना का प्रसार सामान्य-से-सामान्य व्यक्ति की वेदना को

छूता हुआ आगे बढ़ता है। सामान्य जन के प्रति यही लगाव उन्हें प्रेमचन्द व निराला की मानवतावादी-धारा से जोड़ देता है। दूसरों की वेदना से सहानुभूति रखते हुए उनके कष्टों को दूर करने के लिए तत्पर मुक्तिबोध इसीलिए सत्-चित् वेदना के कवि कहे जाते हैं। उनकी काव्य-संवेदना के मूल में 'व्यक्ति' न होकर ऐसा 'मानव' है जो निरन्तर संघर्षरत है।

उनकी कविताओं का केन्द्रीय-कथ्य, मध्यवर्गीय व्यक्ति के आदर्श और यथार्थ में होनेवाला संघर्ष ही है। निम्न मध्य-वर्ग जो होना चाहता है तथा जो है, इसी का द्वन्द्व उनकी अनेक कविताओं में मुखरित हुआ है। वे अपनी कविताओं में इस वर्ग की अवसरवादिता और सुविधाभोग की लालसा को नंगा करते चलते हैं। 'भूल गलती' कविता के दरबारे आम में प्रतिष्ठित यह वर्ग 'खामोश' है जबकि 'ईमान' को कैद करके रखा हुआ है। 'अँधेरे में' कविता में यही वर्ग 'रक्तपायी वर्ग से नाभिनाल बद्ध' की संज्ञा पाता है।

मुक्तिबोध एक सच्चे कवि के रूप में हमारे सामने आते हैं। जो वे हैं उसी को बिना किसी लाग लपेट के व्यक्त भी करते हैं। अपनी दृढ़ता के साथ-ही-साथ वे अपनी कमजोरियों को भी सामने लाते हैं। 'दिमाग़ी गुहान्धकार का औरांग उटांग' जहाँ उनके अन्तर्मन में छिपी पाशविक वृत्तियों की प्रतीकात्मक अभिव्यक्ति है वहीं 'लकड़ी का बना रावण' उनकी खोखली, निस्सार अहंग्रस्तता को व्यंजित करता है।

मुक्तिबोध एक प्रतिबद्ध कवि है और उनकी प्रतिबद्धता किसी वाद विशेष में न होकर श्रमशील मानव के प्रति है। 'धाड़-धाड़ कपड़े धोती गर्भवती नारी' की श्रमशीलता उन्हें विचलित कर जाती है। उनके सामने समस्या है तो केवल एक कि 'सभी मानव सुखी, सुन्दर व शोषण-मुक्त कब होंगे?' वे श्रमशील मानव के प्रति केवल बौद्धिक सहानुभूति ही नहीं रखते हैं वरन् 'उनकी बिजली भरी ठठरी' उन्हीं के साथ लेटती है।

मुक्तिबोध की कविताओं से उभरनेवाला संसार, ड्राइंग-रूम संस्कृति का संसार नहीं है। अपने चारों ओर समस्त सुख-सुविधा जुटाकर मानव-भविष्य की चिन्ता करना उनकी कविताओं का लक्ष्य नहीं है। वे आधुनिक जीवन की विसंगति और विद्रूपताओं से पूर्णतः परिचित हैं। शहरी सभ्यता का खोखलापन उनकी आँखों से छिपा नहीं है। इसीलिए उनकी निष्ठा गाँवों की 'थूहर लसी राहों' में हैं न कि महानगरों की 'साड़ियों-सी चहचहाती सड़कों' में। वे 'दलिद्दर के भयानक देवता के भव्य चेहरों' को देख, अपने 'दूधिया वस्त्रों' पर ग्लानि करने लगते हैं।

मुक्तिबोध का काव्य ऐसे कवि का काव्य है जो आगत के प्रति नत है। जो अपना ज्ञान भविष्य के प्रति, नई पीढ़ी को समर्पित कर देना चाहता है। इसीलिए मुक्तिबोध अपने 'काव्यात्मक फणिधर' को विवेकमणियाँ छिपा रखने को कहते हैं क्योंकि उन्हें विश्वास है कि 'वे लोग आते ही होंगे।'

कुछ विद्वान आलोचकों ने उनकी कविताओं को 'आत्मग्रस्त कवि की कविताएँ' कहा है। उन पर प्रगतिवादी, रहस्यवादी, अस्तित्ववादी प्रभावों की खोजकर उन्हें एक

'वादी' कवि सिद्ध करने का भी प्रयास किया है। किन्तु उनके काव्य का सम्यक् अध्ययन करने पर यह स्पष्ट हो जाता है कि उनकी काव्य-संवेदना को किन्हीं निश्चित खानों में बाँटकर नहीं देखा जाना चाहिए। मुक्तिबोध का आग्रह सदैव समग्रता की ओर रहा है अतः उनके काव्य का अध्ययन-विश्लेषण भी समग्रता के आधार पर करना चाहिए और जब हम उनकी काव्य-संवेदना का समग्र रूप से अध्ययन करते हैं तो हमें उनकी कविताएँ रहस्यात्मक तो लगती है, पर रहस्यवादी नहीं। अस्तित्ववादिता का प्रभाव उनके कथ्य और शिल्प पर अवश्य है पर वे अस्तित्ववादी कवियों की तरह आत्महत्या की ओर न जाकर जीवन में डटकर संघर्ष करने के कायल हैं। इसी तरह वे 'कट्टर मार्क्सवादी' भी नहीं हैं। उनकी कविताएँ प्रगतिशील हैं पर वे मार्क्सवादी विचारधारा का प्रचार करनेवाली प्रचारात्मक कविताएँ कदापि नहीं है। वे अपने युगीन यथार्थ का समग्रता में अभिव्यंजित करना चाहते हैं और इस समग्रता की खोज में उन पर विभिन्न विचारधाराओं का आंशिक प्रभाव पड़ जाना स्वाभाविक ही है। इस तरह उनके काव्य में लक्षित होनेवाले कतिपय अन्तर्विरोध भी उनकी काव्य-संवेदना की शक्ति बन जाते हैं।'

सफल कवि वही होता है जो अपनी काव्यानुभूति के अनुरूप भाषा और शिल्प का निर्माण करने में सक्षम हो। इस दृष्टि से भी मुक्तिबोध एक सफल कवि ही ठहरते हैं। उन्होंने अपनी काव्य-भाषा का निर्माण स्वयं ही किया है। आरम्भ में उनकी काव्य-भाषा पर छायावादी काव्य-भाषा का संस्कार था लेकिन वे उसे दूर करने के लिए सजग भी थे और 'चाँद का मुँह टेढ़ा है' की कविताएँ उनकी इस प्रभाव-मुक्ति का प्रमाण हैं।

मुक्तिबोध की भाषिक-संरचना काव्यानुभूति के अनुरूप ही विकसित हुई है। काव्य-संवेदना की सशक्त व सार्थक अभिव्यक्ति के लिए मुक्तिबोध की कवि अन्य भाषाओं से शब्द ग्रहण करने में संकोच नहीं दिखाता। उनकी कविताओं में संस्कृत, अरबी, फारसी, अंग्रेजी, मराठी आदि भाषाओं की शब्द-सम्पदा बिखरी पड़ी है। शब्दों में मितव्ययता और सघनता लाने के लिए मुक्तिबोध मुहावरों का प्रयोग करते हैं। मुहावरों के प्रयोग से उनकी भाषा की अर्थवत्ता में वृद्धि हुई है तथा भाषा-भावों के समानान्तर चलने लगी है।

सफल काव्य-भाषा वस्तुतः बिम्बों व प्रतीकों की भाषा होती है। मुक्तिबोध की कविताओं में बिम्बों तथा प्रतीकों की निर्बाध तथा मौलिक प्रयोग हुआ है। ध्वनि, गति आदि के अनेक संश्लिष्ट बिम्ब उनके काव्य में मिल जाते हैं। उनकी प्रतीक-सृष्टि की विशेषता यह है कि उन्होंने परम्परा से प्राप्त प्रतीकों का प्रयोग बहुत कम किया है। उनके काव्य में हमें अनेक नवीन प्रतीक मिलते हैं जिन्हें मुक्तिबोध की मौलिक प्रतिभा ने गढ़ा है। भैरों, बरगद, शिशु, अरुण-कमल, रक्तालोकस्नात पुरुष आदि इसी प्रकार के प्रतीक हैं।

मुक्तिबोध की कविताओं में आकस्मिकता के योग के कारण एक विलक्षण

नाट्यात्मक-सौन्दर्य का समावेश हो गया है। यह नाट्यात्मकता उनकी कई लम्बी कविताओं की विशिष्टता है। 'अँधेरे में' इसका सशक्ततम उदाहरण है तथा उसकी तुलना इसी आधार पर निराला की 'राम की शक्तिपूजा' से की जाती है।

मुक्तिबोध अपनी कविताओं में किसी उद्दीप्त भावनात्मक क्षण की अभिव्यक्ति नहीं करते वरन् उनकी कविताओं में चिन्तन का अबाध क्रम चलता है। इस चिन्तन-परकता के कारण ही उनकी कविताएँ अत्यन्त लम्बी हो गई हैं तथा जो अधूरी प्रतीत होती हैं। वैसे स्वयं मुक्तिबोध कविता को कभी भी खत्म हुआ नहीं मानते हैं। क्योंकि उनके अनुसार वह 'आवेग-त्वरित काल-यात्री' है।

उनकी कविताओं का विधान फैन्टेसी का विधान है। वे जिस कटु यथार्थ को अपनी कविताओं में प्रस्तुत करते हैं उसकी अभिव्यक्ति स्वप्न-कथा के माध्यम से ही सम्भव थी। 'अँधेरे में' तथा 'ब्रह्मराक्षस' उनकी सफलतम 'फैन्टेसी' मानी जाती है। 'अँधेरे में' की फैन्टेसी प्याज के छिलके की तरह पर्त-दर-पर्त खुलती जाती है और युग का भयानक यथार्थ साक्षात् सामने प्रकट होता जाता है।

समग्रतः मुक्तिबोध आज नई कविता के सर्वाधिक चर्चित कृति-व्यक्तित्व हैं। इसका कारण शायद यह है कि उन्होंने प्रयोगवादी या तथाकथित नई कवियों की तरह कविताएँ नहीं लिखी हैं। उनकी काव्य-संवेदना अपेक्षाकृत अधिक जागरूक और संयमित है वे अपनी संवेदनात्मक प्रतिक्रियाओं को विवेक द्वारा संयोजित करते हैं आत्म-मंथन के तीव्र प्रवाह में पड़कर वे अनेक भाव-रत्न निकाल लाते हैं। उनकी कविताएँ ऐसे आइने के समान हैं जिनके कवि के आत्म-संघर्ष के साथ-साथ युग के समग्र यथार्थ भी प्रतिबिम्बित हुआ है।

मुक्तिबोध की सम्पूर्ण काव्य-सम्पदा को अभी प्रकाश में आना बाकी है। जब तक उनकी समस्त अधूरी-पूरी कविताएँ प्रकाशित नहीं हो जातीं जब तक उनके काव्य का समग्र मूल्यांकन नहीं किया जा सकता। वैसे भी मुक्तिबोध का काव्य मूल्यांकन नहीं माँगता, बहस माँगता है, गतिमान विचारों की चर्चा-चाहता है, क्योंकि मुक्तिबोध के अनुसार यथार्थ गतिमान है, उस यथार्थ को व्यक्त करनेवाली कविता भी सतत् विकासमान है। इसीलिए वे कविता को कभी पूर्ण हुआ नहीं मानते। जो वस्तु पूर्ण नहीं, अपूर्ण है, तब उसका मूल्यांकन भी अधूरा ही होगा।

ग्रन्थ-सूची

आधार-ग्रन्थ : मुक्तिबोध द्वारा सर्जित साहित्य

1. एक साहित्यिक की डायरी, भारतीय ज्ञानपीठ, 1964 दि. सं.
2. काठ का सपना, भारतीय ज्ञानपीठ, 1967 प्र. सं.
3. चाँद का मुँह टेढ़ा है, भारतीय ज्ञानपीठ, 1965 दि. सं.
4. 'तारसप्तक' में संगृहीत कविताएँ, भारतीय ज्ञानपीठ, 1966 दि. सं.
5. नए साहित्य का सौन्दर्यशास्त्र, राधाकृष्ण प्रकाशन, 1971 प्र. सं.
6. नई कविता का आत्मसंघर्ष तथा अन्य निबन्ध
   विश्वभारती प्रकाशन, नागपुर, 1964 प्र. सं.

सन्दर्भ व सहायक ग्रन्थ

7. अज्ञेय और आधुनिक रचना की समस्या–डॉ. रामस्वरूप चतुर्वेदी
   भारतीय ज्ञानपीठ, 1968 प्र. सं.
8. अज्ञेय की काव्य तितीर्षा–नन्दकिशोर आचार्य
   सूर्य प्रकाशन मन्दिर, बीकानेर, 1970 प्र. सं.
9. आधुनिक परिवेश और नवलेखन : डॉ. शिवप्रसाद सिंह
   लोकभारती प्रकाशन, 1970 प्र. सं.
10. आधुनिक हिन्दी कविता में बिम्ब विधान–डॉ. केदारनाथ सिंह
    भारतीय ज्ञानपीठ, 1971 प्र. सं.
11. आधुनिक कविता और युगदृष्टि–डॉ. शिवकुमार मिश्र
    विद्यामन्दिर, ब्रह्मनाल, वाराणसी 1966, प्र. सं.
12. आधुनिक हिन्दी कविता में शिल्प–डॉ. कैलाश वाजपेयी
    आत्मराम एंड संस, दिल्ली, 1963 प्र. सं.
13. आलोचना और आलोचना–डॉ. इन्द्रनाथ मदान
    लोकभारती प्रकाशन, 1971 प्र. सं.
14. आस्वाद के धरातल–डॉ. धनंजय वर्मा
    विद्या प्रकाशन मन्दिर, 1969 प्र. सं.

15. कविताएँ–1965, सं. विश्वनाथ त्रिपाठी और अजित कुमार
नेशनल पब्लिशिंग हाउस, दिल्ली, 1966 प्र. सं.
16. कविता के नए प्रतिमान–डॉ. नामवर सिंह
राजकमल प्रकाशन, 1968 प्र. सं.
17. गजानन माधव मुक्तिबोध–सं. डॉ. लक्ष्मणदत्त गौतम
विद्यार्थी प्रकाशन, 1972 प्र. सं.
18. गजानन माधव मुक्तिबोध का रचना संसार–सं. डॉ. गंगाप्रसाद विमल
सुषमा पुस्तकालय, 1971 प्र. सं.
19. फिलहाल–अशोक वाजपेयी
राजकमल प्रकाशन, 1970 प्र. सं.
20. बदलते परिप्रेक्ष्य–नेमिचन्द जैन
राजकमल प्रकाशन, 1968 प्र. सं.
21. मानविकी पारिभाषिक कोश–सं. डॉ. नगेन्द्र
राजकमल प्रकाशन, 1965 प्र. सं.
22. समकालीन हिन्दी साहित्य–आलोचना की चुनौती–डॉ. बच्चनसिंह
हिन्दी प्रचारक प्रकाशन, 1968 प्र. सं.
23. हरी घास पर क्षण भर–अज्ञेय (कविता संग्रह)
प्रगति प्रकाशन, 1949 प्र. सं.
23. हिन्दी साहित्य : एक आधुनिक परिदृश्य–अज्ञेय
राधाकृष्ण प्रकाशन, 1968 प्र. सं.

पत्र-पत्रिकाएँ

25. आलोचना (अंक 6, 14, 17)
26. धर्मयुग (28 मई, 1967, 21 दिसम्बर, 1969, 18 जनवरी 1970, 13 मार्च तथा 20 मई 1973)
27. नई कविता (पुस्तिका) प्रकाशन विभाग, भारत सरकार।
28. राष्ट्रवाणी (पत्रिका) मुक्तिबोध विशेषांक, जनवरी-फरवरी 1965।
29. साप्ताहिक हिन्दुस्तान (18 मई 1969, 25 मई 1969)
30. क्ष त्र ज्ञ (त्रैमासिक पत्रिका), जनवरी, 1969।
31. ज्ञानपीठ पत्रिका–अक्तूबर 1964।
32. ज्ञानोदय (सितम्बर, 1964, सितम्बर 1965, सितम्बर 1967, दिसम्बर-जनवरी 1969-70)

●●●